전문가가 읽어주는 아들러 실전심리학

그 사람이 나를
도와주는 진짜 이유

전문가가 읽어주는 아들러 실전심리학

그 사람이 나를
도와주는 진짜 이유

1판 1쇄 발행 2015년 9월 22일

지은이 알프레트 아들러
해설 김춘경
옮긴이 장병걸
펴낸이 박찬영
편집 서유진, 이현정, 안주영, 김은영
디자인 이재호
마케팅 이진규, 장민영

발행처 리베르
주소 서울시 성동구 성수일로77 서울숲IT밸리 301호
등록번호 제2003-43호
전화 02-790-0587, 0588
팩스 02-790-0589
홈페이지 www.리베르.com
커뮤니티 blog.naver.com/liber_book(블로그)
www.facebook.com/liberschool(페이스북)
e-mail skyblue7410@hanmail.net

ISBN 978-89-6582-194-6 (03180)

리베르(Liber 전원의 신)는 자유와 지성을 상징합니다.

전문가가 읽어주는 아들러 실전심리학

그 사람이 나를
도와주는 진짜 이유

알프레트 아들러 지음
김춘경 해설
장병걸 옮김

리베르

〈역자 서문〉

당신은 타인을 도와주기 위해
어떤 노력을 하는가?

이 책은 오스트리아 빈 태생의 유대인 정신 의학자 알프레트 아들러 (Alfred Adler, 1870~1937년)의 대표 저서 『What Life Could Mean to You Ⅱ』(1931)를 번역한 것이다. 학교생활, 직장 생활, 사랑과 결혼 등 생애 주기 전반을 다루며 동반자적 협력과 인류 공익을 위한 노력의 가치를 역설하고 있다.

아들러는 인간이 살면서 직면할 수밖에 없는 문제들을 크게 세 종류로 분류했다. 첫째는 직업의 문제다. 지구라는 한정된 공간이 제공하는 자원 속에서 생존하기 위해서는 우선 '먹고사는' 문제를 해결해야 한다. 둘째는 교우 관계 혹은 인간관계의 문제다. 인간은 필연적으로 타인들과 연계되어 살아갈 수밖에 없다. 항상 다른 사람들을 염두에 두고 그들에 대한 관심을 유지하며 살아야 한다. 셋째는 사랑과 결혼의 문제다. 인류 존속을 위해서는 이성과 결혼해 자녀를 낳고 올바르게 교육해야 한다. 아들러는 이 세 종류 문제가 서로 긴밀하게 연관되어 있기 때문에 상호 관련성 속에서 접근해야만 가장 성공적으로 해결할 수 있다고 생각했다.

아들러에 따르면 인생의 온갖 문제를 해결하는 데 가장 중요한 덕목은 사회적 관심(사회적 감정, 공동체 의식, 동지애), 타인과 사회에 대한 공헌, 인간 사이의 협동과 평등, 그리고 사랑이다. 잘못된 생활 양식 때문에 인생에서 '실패'하는 사람들 — 범죄자, 신경증 환자, 정신 장애인, 알코올 의존증자, 문제 아동, 자살자, 이상 성욕자 등 — 은 이러한 덕목들이 결여되어 있다. 아들러는 공동체 의식과 협동 정신을 고취하고 훈련해 잘못된 생활 양식을 교정해야만 올바른 삶으로 복귀할 수 있다고 주장했다.

아들러 심리학을 개인 심리학(Individual Psychology)이라고 부른다. 여기서 개인(individual)은 사회 집단의 반대 개념으로서의 개인이 아니라 사회와 '분리할 수 없는(indivisible)' 존재라는 의미다. 인간은 정신과 육체가 서로 긴밀한 영향을 주고받아 서로 '분리할 수 없는' 하나의 통합체(unity)다. 정신과 육체의 상호 작용과 사회적 관심을 중시하는 아들러가 왜 자신의 심리학에 '개인'이라는 명칭을 붙였는지에 대한 일반적인 해석이다.

아들러의 철학과 사상은 기존 종교들의 가르침과 크게 다르지 않다. 사랑, 자비, 인의, 상생 등을 최고의 사회적 가치로 중시하는 성현들의 말씀과 일맥상통한다. 다만 아들러는 '과학적인 결론으로' 이런 지고한 덕목들을 도출했다고나 할까?

혹시 직장 생활, 인간관계, 사랑과 결혼, 가정생활, 자녀 교육 등에서 비롯된 여러 가지 인생 문제로 괴로워하는 독자들이 있다면 이 책을 음미해 보기를 바란다. 아들러의 일관적인 시각을 따라가다 보면, 도저히 이해할 수 없었던 사람들을 이해하고 도울 수 있게 될 것이다.

장병걸 씀

차례

PART 1
아이들은 왜 학교를 싫어할까

학교의 영향

Teachers are the guardian of the future of humankind.
교사들은 인류의 미래를 지키는 수호자다.

아들러는 어머니가 제 역할을 제대로 수행하지 못했을 때 인류에게 닥칠 재앙을 경고했다. 그는 교사들에게 큰 기대를 걸면서, 아이들과 인류의 미래를 지키는 수호자라는 칭호를 교사에게 부여했다. 교사는 가정에서 제대로 훈련받지 못한 아이들이 학교생활을 통해 협력과 공동체감을 증진할 수 있도록 교육해야 한다. 이것이 교사에게 가장 중요한 과제이다. 이를 위해 교사는 아이들과 유대감을 형성하고 아이들의 관심을 얻는 것으로 시작해, 협력의 태도를 확장하고 확고히 하는 데까지 나아가야 한다.

아들러는 인성 교육을 강조했다. 최근 우리나라에서도 인성 교육의 중요성이 크게 두드러지면서 인성 교육 진흥법이 제정 · 공포되고, 초 · 중 · 고교생들에게 의무적으로 인성 교육을 시행하게 되었다. 대학 입시 때 인성 점수를 반영하겠다는 발표가 나자마자 인성 면접을 대비하는 학원이 상당수 생겼다고 한다. 이 학원들의 수강료는 한 회에 수십만 원에 달해 학부모들의 사교육비 부담도 늘어났다. 학력 지상주의로 황폐해진 학생들의 인성을 과연 인성 점수로 해결할 수 있을까. 오히려 학생들의 인성을 더욱 메마르게 하지는 않을까 염려된다.

아들러는 인성 교육의 핵심을 공동체감과 협동 정신 증진에 두고 있다. 사회의 경쟁 체제를 아동기부터 경험하는 아이들은 협동보다는 남보다 잘해야 하고, 남을 이겨야 한다는 경쟁의 논리를 배운다. 타인을 돕고 자신이 속한 사회에 공헌할 수 있는 능력을 갖추는 것이 더 중요한데 말이다. 타인을 이기는 것이 목적이라면 타인은 동지나 친구가 아니라 적이 된다. 적과 함께 지내는 생활은 어떨까? 아이들이 어린 시절부터 불안, 초조, 두려움, 좌절에 휩싸여 살아야 한다고 생각하는가? 경쟁에서 이긴 사람도 불행하기는 마찬가지다. 열심히 노력해서 얻은 성취지만 그 기쁨을 나눌 사람이 없다면 행복감을 느끼기 힘들 것이다. 작은 성취라도 많은 사람에게 유익과 기쁨을 줄 때 의미가 있고 인성 발달에도 이바지할 수 있다.

타인보다 우월하다는 것을 내보이는 성취, 공동체감이나 사회적 관심이 배제된 성취는 아이들에게 근본적인 기쁨을 주지 못한다. 이러한 성취는 도리어 아이들의 성장에 방해가 된다. 교사나 부모가 성적과 공동체감 가운데 어떤 것을 더 중요시하느냐에 따라 아이들의 성장과 발달 방향은 크게 달라질 것이다.

경쟁적인 학교 분위기는 성적이 우수하거나 부진한 학생 모두에게 매우 부정적인 영향을 끼친다. 그들은 성적에 따라 자신의 능력을 평가하고, 그 평가에 따라 자신의 한계를 한정 짓는다. 성적이 좋지 않은 학생은 일찍이 자신의 능력을 한계 짓고, 더는 잘할 수 없다고 생각해 노력하지 않는다. 성적이 우수한 학생도 최고 점수가 나오면 거기서 만족하고, 더는 노력하지 않는다. 다른 학생들을 이겼으니 충분하다고 생각한 것이다. 경쟁에서 이긴 아이나 진 아이 모두 자신의 한계에 대해 잘못된 인식을 하게 된다.

우리나라에는 성적 비관으로 자살하는 학생들이 많다. 성적이 나쁜 학생보다는 성적이 우수한 학생들이 성적 비관으로 자살하는 경우가 많다. 왜 그럴까? 좋은 성적을 요구하는 타인의 압력을 이겨 낼 힘이 없어 자살을 선택한 것이다. 내가 만났던 학생들도 엄마에게 미안해서, 엄마의 기대를 충족시켜 주지 못해서, 엄마를 기쁘게 해 드리고 싶은데 그럴 자신이 없어서, 부모님께 혼이 날까 두려워서 자살을 시도했다고 한다. 이 학생들은 모두 공부는 잘했지만 나약했다. 삶의 여러 문제에 강하게 대처할 힘을 키우지 못한 것이다.

아들러는 자신이 직면한 문제를 해결할 준비가 안 된 사람이 자살한다고 보았다. 또한 자살에는 자신을 힘들게 한 사람에 대한 처벌과 복수의 심리가 내포되어 있다고 했다. 자살하는 학생들이 늘어나는 것은 우리 교육의 실패이자 부모와 교사의 실패다.

아들러는 용기를 북돋아 주는 격려를 핵심 상담 기법으로 제시한다. 부모와 교사를 비롯한 성인들은 경쟁에 내몰린 아이들에게 용기를 불어넣어 스스로 일어날 수 있게 도와주어야 한다.

학교 교육의 핵심이 공동체감과 협력 증진이 아니라 지금처럼 경쟁과 성적

위주로 지속된다면 학생들은 우월성 확보를 위해 상대를 이기려고 노력할 것이다. 함께 누리는 기쁨과 공동체감 대신 무찔러야 할 적만 만드는 어리석은 인생을 살게 될 것이다. 인생의 문제에 직면할 용기를 잃은 학생들은 다양한 방식으로 어른들을 괴롭힐 것이다. 이런 학생들의 교정과 예방을 위해서는 교사들의 역할이 매우 중요하다. 문제 학생들의 잘못된 생활 방식이 더 견고해지기 전에 그들의 문제를 교정하고 더 큰 문제를 예방하려는 노력이 필요하다. 문제 학생들이 이 시기를 놓치고 사회에 나가게 되면 더욱 큰 실패나 범죄, 신경증 또는 정신 질환 등 비극을 초래하게 된다. 올바른 인성 교육으로 아이들의 삶이 활짝 열리기를 소망해 본다.

1. 학교는 왜 필요할까

학교는 가정의 연장선 위에 있다. 만약 모든 부모가 자녀들이 스스로 인생 문제를 해결할 수 있도록 교육할 수 있다면, 학교는 필요 없을 것이다. 옛날에는 아이들이 집안에서 훈련을 받는 경우가 많았다. 장인(匠人)은 아들을 자신의 방식대로 양육하며 부친에게서 전수받거나 자신의 실제 경험에서 터득한 기술을 가르쳤다.

하지만 오늘날의 문화는 우리에게 더욱 복잡한 것들을 요구한다. 이로 말미암아 부모의 업무량을 줄이고 자녀 교육을 지속하기 위해 학교가 필요하게 되었다. 사회생활과 사회 통합을 위해서는 가정 교육보다 더 높은 수준의 교육이 이루어져야 하는 것이다.

미국의 학교들은 유럽의 학교가 발달하는 과정에서 생긴 모든 국면을 겪지는 않았다. 하지만 유럽 권위주의의 전통은 여전히 남아 있다. 유럽 교육사를 보면, 초창기에는 왕족과 귀족들만 이른바 공식 교육을 받았다. 그들은 사회 구성원 중에서 '가치'를 인정받은 유일한 계급이었다.

백성은 그저 자기 일만 묵묵히 해야 했다. 백성이 그 이상의 뭔가를 열망하는 것은 불가능했다. 나중에는 사회에 필요한 사람의 범위가 확대되었다. 종교 기관이 교육을 담당했고, 여기서 선택된 소수의 사람이 신학, 예술, 과학, 전문 기술 등을 훈련받았다.

산업 기술이 발달하면서 이런 형태의 구식 교육으로는 부족하다는 인식이 퍼졌다. 오랜 세월 동안 좀 더 폭넓은 교육을 향한 움직임이 지속되었다. 당시 마을 학교 교사직은 신발 수선공이나 재단사가 맡는 경우가 많았다. 그들은 손에 막대기를 들고 가르쳤지만, 교육 성과는 빈약했다.

예술과 학문을 가르치는 곳은 종교 학교와 대학교뿐이었다. 때로는 황제들마저 읽기와 쓰기를 배우지 않았다. 하지만 산업 혁명이 시작되면서, 읽기와 쓰기 및 산술 계산과 그리기를 할 수 있는 노동자들이 필요했다. 이러한 이유로 우리가 아는 형태의 공립 학교들이 창설되었다.

하지만 이들 공립 학교는 언제나 정부의 필요에 맞춰 설립되었다. 당시 정부는 상류 계급의 이익을 위해 훈련을 받다가 필요할 때 군대로 편입할 수 있는 순종적인 신민 양성을 요구했다. 학교의 커리큘럼은 이런 목적에 맞게 편성되었다. 나도 조국 오스트리아에 이런 상황이 부분적으로 남아 있던 시절을 기억하고 있다. 당시 하층 계급에 대한 교육과 훈련의 목적은, 그들을 순종적으로 만들고 자신의 신분에 맞는 업무를 제대로 수행할 수 있게 만드는 것이었다.

이런 형태의 교육은 시간이 지날수록 많은 결점을 드러냈다. 시대적으로는 자유가 크게 신장하고 있었다. 더욱 강력해진 노동자 계급의 요구 사항도 많아졌다. 공립 학교들은 이런 시대적 요구에 순응했다. 그 결과 오늘날의 지배적인 교육 이상이 탄생했다.

즉 어린이들은 스스로 사고할 수 있도록 교육해야 하고, 문학·예술·과학에 익숙해질 기회를 받아야 하며, 전반적인 인류 문화를 공유하고 거기에 공헌할 수 있도록 성장해야 한다는 이념이다. 우리는 더는 아이들이 겨우 생계비를 벌거나 공장 일만 하도록 훈련하기를 원하지 않는다. 우리는 공동선을 위해 서로 협력할 의지가 있는 사람들을 원한다.

2. 인성 교육과 교사 양성의 중요성

우리가 알든 모르든, 학교 개혁을 주창하는 사람들은 모두 사회생활에서 협동의 수준을 강화하는 방법을 추구한다. 예를 들어 인성 교육(character education, 성격 교육)을 요구하는 주장의 이면에는 바로 이런 목적이 있는 것이다. 이런 관점에서 이해한다면 인성 교육의 필요성은 명확해진다.

하지만 전체적으로 볼 때 교육의 목적과 기법은 아직 충분히 이해되지 못한 상태이다. 어린이들이 단순히 생활비를 버는 게 아니라 인류에게 유익한 방식으로 일할 수 있도록 해야 한다. 이 임무를 수행할 수 있는 교사들도 양성해야 한다. 교사들은 사명의 중요성을 인식하고, 이를 실현할 수 있는 훈련을 받아야 한다.

3. 인성 교육의 성패는 '교사'의 손에 달려 있다

인성 교육은 여전히 시험 단계에 있으므로, 그 효과는 좀 더 지켜봐야 한다. 사법부는 아직 진지하고 체계화된 인성 교정 교육(corrective character-education)을 시도하고 있지 않으므로 우리의 고찰 대상에서 제외하기로 한다.

학교에서조차 인성 교육의 성과는 그리 만족스럽지 못하다. 가정에서 여러 가지 실패를 겪은 어린이들이 학교에서 온갖 수업과 훈계를 들었음에도 여전히 똑같은 잘못을 저지르는 것이다. 아동 발달을 이해하고 도와줄 수 있도록 교사들에 대한 훈련을 개선하는 수밖에 없다.

나는 이 분야에 대한 연구의 상당 부분을 여러 학교에서 수행해 왔다. 오스트리아 빈(Vienna)의 많은 학교가 이 분야에서는 세계를 선도하고 있다고 확신한다. 다른 지역에서는 정신과 의사들이 어린이들을 상담하고 조언해 주고 있지만, 교사들이 그 조언에 동의하지 않거나 조언을 실천에 옮기는 방법을 이해하지 못한다면 무슨 소용이 있겠는가?

정신과 의사들은 일주일에 한두 번씩 — 어떨 때는 하루에 한 번 — 학생 상담을 한다. 하지만 그 학생이 환경으로부터 받는 여러 가지 영향에 대해서는 사실상 알지 못한다. 다시 말해 그 학생이 가정이나 가정 외부 혹은 학교에서 받는 영향에 대해서는 모르는 것이다. 정신과 의사들은 영양 상태를 개선하라거나 갑상샘 치료를 받아야 한다는 등의 처방전을 써 준다. 때로는 담임 교사에게 해당 학생의 개별적 치료법에 대한 지침을 주기도 한다.

하지만 대다수 교사는 그런 처방의 목적을 정확히 알지 못하는 데다가 실수를 피할 수 있을 만큼 경험이 풍부하지도 않다. 교사들이 특정 아동의 성격을 파악하고 있지 않는 한 교사들이 할 수 있는 일은 아무것도 없다. 그러므로 정신과 의사와 교사의 긴밀한 협력이 필요하다. 교사는 정신과 의사가 알고 있는 모든 것을 알아야 한다. 그래야만 의사 도움 없이도 상담을 진행할 수 있다.

교사들은 예상치 못한 문제가 발생했을 때 정신과 의사가 처방했을 만한 대응 방법을 알고 있어야 한다. 가장 실제적인 방안은, 우리가 빈에 설립한 것과 같은 자문 위원회(Advisory Council)를 설치하는 것이다. 이 방안에 대해서는 이 장의 끝 부분에서 설명할 것이다.

학교생활을 시작하는 어린이들은 사회생활의 새로운 시험에 직면하는 것이다. 이 시험은 어린이들의 발달 과정에서 생기는 온갖 결점을 보여 줄 것이다. 이제 어린이들은 예전보다 더 넓어진 공간에서 협력해야 한다.

집에서 응석받이로 자란 아이들은 온실 속의 화초 같은 생활을 떠나서 낯선 아이들과 섞이고 싶지 않을지도 모른다. 응석받이들은 등교 첫날부터 사회적 감정의 한계를 드러내기도 한다. 울음을 터뜨리며 집으로 돌아가겠다고 떼를 쓸지도 모른다. 학교 공부나 선생님들에게는 관심이 없고, 선생님의 설명이나 이야기에도 귀를 기울이지 않을 것이다. 언제나 자기 자신만을 생각하며 살아왔으니 그럴 수밖에 없다. 응석받이들이 자기중심적인 행동을 계속 보인다면 당연히 학교생활에서 바람직한 발전을 이루지 못할 것이다.

어떤 부모들은 아이가 집에서는 전혀 말썽을 일으키지 않고, 오로지 학교에 있을 때만 문제가 생긴다고 말하기도 한다. 우리는 그런 아이들이 집에서는 아주 우호적인 상황에 놓여 있다고 느낀다는 것을 짐작할 수 있다. 집에서는 시험을 치르지 않아도 되고, 실수도 명확히 눈에 띄지 않는다. 하지만 학교에서는 제멋대로 행동할 수가 없다. 이러한 이유로 아이들은 자신의 상황을 패배로 인식하게 된다.

한 어린이는 등교 첫날부터 교사가 하는 모든 말에 대해 비웃기만 했다. 그 아이는 학교 공부에 전혀 관심을 보이지 않았다. 교사들은 아이가 틀림없이 정신 지체아일 것이라고 생각했다. 나는 그 아이를 진단하면서 이렇게 물어봤다. "네가 학교에서 항상 웃기만 하니까 모두가 궁금해 하더라." 아이는 이렇게 대답했다. "학교는 부모님들이 만들어 놓은, 웃기는 곳이에요. 부모님들은 아이들을 바보로 만들려고 학교에 보내요."

그 아이는 집에서 심한 놀림을 받아 왔다. 그래서 새로운 상황에 부닥치면 자신이 다시 놀림감이 된다고 확신하고 있었다. 나는 그 아이가 자신의 존엄성을 지키는 데 지나치게 집착하고 있으며 모든 사람이 그 아이를 웃음거리로 만들려고 하지 않는다는 사실을 그 아이에게 인식시켰다. 그 결과 아이는 공부에 관심을 보이기 시작했고, 학교생활에 잘 적응하게 되었다.

4. 교사는 '제2의 어머니'가 되어야 한다

교사의 임무는 학생들의 어려움을 파악하고 부모의 잘못을 교정하는 것이다. 일부 학생은 학교라는 보다 넓은 사회생활에 적응할 준비가 되어 있다. 이런 학생들은 이미 가정에서부터 타인에게 관심을 두도록 훈련이 되어 있는 것이다.

반면, 아직 준비되지 않은 학생들도 있다. 준비되지 않은 사람은 주저하거나 움츠러들게 마련이다. 실제로는 지진아가 아닌데도 언행이 굼뜬 어린이들은 사회생활에 적응하는 문제 앞에서 망설이고 있는 것일 뿐이다. 교사는 이런 아이들이 새로운 상황에 대처할 수 있도록 도와야 한다.

어떻게 도울 수 있을까? <u>어머니가 해야 하는 일을 똑같이 하면 된다. 아이들과 유대감을 형성하고 아이들의 관심을 얻는 것이다.</u> 아이들의 적응 능력을 키워 주는 문제는 전적으로 그들의 관심을 이끌어 낼 수 있느냐 하는 문제에 달려 있다. 엄하게 다루거나 벌을 주는 것으로는 결코 아이들의 관심을 이끌어 내지 못한다.

선생님이나 급우들과 교제하는 것을 어렵게 생각하는 아이에게 절대로 해서는 안 될 일이 있다. 바로 그 아이를 비판하거나 꾸짖는 행동이다. 이런 식으로 접근한다면 아이는 학교를 싫어할 수밖에 없다. 만약 내가 학교에서 늘 야단맞고 질책받는 어린이라면 교사들에 대해 관심을 두지 않으려 할 것이다. 또한 그 상황에서 벗어나거나 아예 학교를 떠나는 방법들을 모색할 것이다.

무단결석을 하고 학업 성적이 부진한 아이들, 또는 어리숙하게 보이거나 다루기 어려울 것 같은 아이들에게 학교는 매우 부자연스럽고 불쾌한 환경이다. 사실 그런 학생들은 어리석은 게 아니다. 학교 수업을 빼먹는 구실을 만들거나 부모의 편지를 위조하는 데 있어서 기발한 독창성을 보여 준다.

이런 학생들보다 먼저 무단결석을 감행한 다른 아이들은 학교 밖에서 이런 학생들을 기다리고 있다. 그들은 이런 학생들로부터 학교에서보다 훨씬 많은 인정을 받는다. 학교 교실이 아닌 갱 집단에서 스스로 참여하고 있다는 생각과 존중받고 있다는 느낌이 드는 것이다. 이런 상황을 통해 우리는 교실에서 동등한 구성원으로 받아들여지지 않는 학생들이 어떻게 범죄자의 길로 빠지는지를 이해할 수 있다.

5. 교육의 희망은 '진정한 관심'

교사가 학생들의 관심을 끌기 위해서는 먼저 그들이 무엇에 관심이 있었는지 알아야 한다. 또한 교사는 그런 관심사뿐만 아니라 다른 관심사에서도 성공할 수 있다는 확신을 학생들에게 심어 주어야 한다. 학생들이 어떤 문제에 자신감을 느끼면 다른 문제들에 대한 흥미를 자극하기도 쉬워진다.

그러므로 우리는 어린이들이 어떻게 세상을 바라보는지, 어린이들의 어떤 감각 기관이 가장 많이 사용되고 훈련되어 있는지를 처음부터 파악해야 한다. 무엇인가를 지켜보는 일에 가장 흥미를 느끼는 아이들이 있는가 하면, 듣거나 움직이는 일에 관심을 보이는 아이들도 있다.

보는 일을 즐기는 시각형 아이들은 지리나 미술 등 눈을 사용하는 과목에 관심을 둘 것이다. 교사가 이런 학생들에게 말 위주의 수업을 진행한다면 학생들은 열심히 듣지 않을 것이다. 그들은 청각 주의력(auditory attention)이 그다지 발달하지 않았기 때문이다. 만일 이런 아이들이 눈을 통해 배우지 못한다면 학습 지진아가 될 가능성이 커진다. 그들은 능력이나 재주가 없는 아이들로 간주될 것이며, 그 원인은 유전적 문제로 여겨질 것이다.

교육 실패에 책임을 져야 할 사람은 누구일까. 바로 아이들의 관심을 이끌어 내지 못한 교사와 부모다. 어린이 교육이 일찍부터 전문화되어야 한다고 주장하는 것은 아니다. 나는 어린이들이 발달시켜 온 관심사가 있다면 그것을 다른 문제에도 관심을 두도록 유도하는 데 이용해야 한다고 생각한다.

오늘날 일부 학교에서는 모든 감각 기관을 동원해야 하는 방식으로 교과목을 가르치고 있다. 예를 들어 전통적인 강의식 수업을, 모형 만들기나 그림 그리기와 결합해서 진행하는 것이다. 이런 흐름은 더욱 권장하고 개발해야 한다. **어떤 과목이든 가장 좋은 교수법은 일상생활과 연관 지어 가르치는 것이다.** 그럼으로써 아이들은 수업의 목적과 수업 내용의 실용적 가치를 깨달을 수 있다.

한 가지 자주 제기되는 질문이 있다. 지식이나 사실을 주입식으로 가르치는 방법과 학생들이 독립적으로 생각하도록 가르치는 방법 중 어느 것이 나은가 하는 질문이다. 내가 보기에 이것은 양자택일의 문제가 아니다. 두 가지 접근 방법은 결합할 수 있다. 예를 들어 학생들에게 수학을 가르칠 때 주택 건축과 연관 지어 수업을 진행하는 것이다. 집을 짓는 데 얼마나 많은 목재가 필요하고, 얼마나 많은 사람이 그 집에서 살 수 있는지 등을 직접 계산해 보도록 한다면 학습 효과가 매우 커질 것이다.

어떤 과목은 서로 연계해 가르치는 것이 쉬울 수도 있다. 인생의 한 국면을 다른 국면과 연결해서 노련하게 가르치는 교사들이 많다. 예컨대 교사들은 학생들과 함께 산책하면서 학생들이 무엇에 가장 큰 관심을 보이는지 발견할 수 있다. 그러면서 식물의 구조, 식물의 성장과 용도, 기후의 영향, 지형의 물리적 특징, 인류의 농경 역사 등 사실상 삶의 모든 측면을 가르칠 수 있다.

물론 우리는 이런 교사들이 학생들에게 진정한 관심을 두고 있다고 전제해야 한다. 이런 전제가 성립되지 않는다면 아이들을 가르치는 일에는 희망이 없다.

6. 경쟁보다는 협동을 가르쳐야 한다

현재의 교육 체제 아래에서 일반적으로 나타나는 현상이 있다. 학교에 입학한 어린이들은 협동보다는 경쟁을 위해 더 많은 준비가 되어 있으며, 경쟁을 위한 훈련은 학창 시절 내내 계속된다는 사실이다.

이런 세태는 어린이들에게 엄청난 불행이다. 어린이들이 낙오되어 경쟁을 포기하는 것도 불행이지만, 다른 아이들을 패배시키는 것도 이에 못지않은 불행이다. 어느 경우이든 간에 아이들은 주로 자기에게만 관심을 보인다. 아이들의 주된 목표는 다른 사람을 돕는 것이 아니라 자신을 위해 가능한 한 모든 것을 확보하는 것이다.

<u>가정에서 각 구성원은 동등한 일부분으로 하나의 통일체를 이루어야 한다. 학교에서도 마찬가지다.</u> 어린이들은 이런 식으로 훈련을 받아야 진정으로 서로에게 관심을 두고 협동을 즐길 수 있다.

내가 봤던 문제 아동 중에는 급우들의 관심과 협동을 통해 태도가 완전히 바뀐 경우가 많았다. 한 남자아이의 경우를 예로 들어 보자. 이 아이는 가족 모두가 자기에게 적대적이라고 느꼈다. 그래서 학교에서도 모든 사람이 자기를 적대시할 것이라고 예상했다. 아이의 학업 성적은 나빴다. 이 사실을 알게 된 부모는 아이에게 벌을 주었다.

이런 상황은 매우 자주 일어난다. 아이들은 학업 성적이 나쁘면 학교에서 야단맞고, 집에서도 부모에게 벌을 받는다. 아이들은 한 번만 야단맞아도 의기소침해진다. 이런 아이들에게 다시 벌을 주는 것은 가혹한 행동이다. 앞에서 언급했던 남자아이의 성적은 계속 나빠졌고, 수업 진행에 지장을 주는 정도에까지 이르렀다. 이는 충분히 예상할 수 있는 결과였다.

　다행스럽게도 이 학생은 자신의 상황을 이해해 주는 교사를 만났다. 교사는 이 학생이 모든 사람을 적대시하게 된 사정을 다른 학생들에게 설명해 주었다. 그러고는 학생들의 도움을 얻어 모두가 친구라는 점을 그 아이가 이해하도록 했다. 이후 이 학생의 행실과 성적은 믿기 어려울 정도로 좋아졌다.

　어떤 사람들은 어린아이들을 이런 방식으로 훈련할 수 있을지에 대해 회의적인 태도를 보인다. 하지만 내 경험으로 보면 이런 상황에서는 어른보다 어린이들이 더 잘 이해하는 경우가 많다.

　한 여성이 두 명의 자녀를 데리고 내 상담실을 찾아왔다. 여자아이는 두 살이었고, 남자아이는 세 살이었다. 상담 도중 갑자기 여자아이가 테이블 위로 기어 올라갔다. 그것을 본 어머니는 너무 겁을 먹은 나머지 움직이지도 못한 채 "내려와! 내려와!" 하고 소리만 질러 댔다. 여자아이는 엄마의 말에 전혀 신경 쓰지 않았다. 바로 그때 남자아이가 "거기에 가만 있어!"라고 말했다. 그러자 여자아이는 곧바로 안전하게 테이블에서 내려왔다. 남자아이는 어머니보다도 여동생을 더 잘 이해하고 있었고, 그 상황에서 어떻게 해야 좋을지를 알았던 것이다.

　학생들의 화합과 협동을 증진하기 위해 자주 거론되는 제안 중 하나로 학생들에게 자치권을 부여하자는 주장이 있다. 하지만 이 문제는 교사들의 지도 아래 매우 신중하게 접근할 필요가 있다. 학생들이 자율 규제를 할 만큼 충분히 준비하고 있는지도 확인해야 한다.

　그러지 않을 경우 학생들이 자치 기구를 진지하게 생각하지 않고, 일종의 게임으로 간주하는 상황이 발생할 수 있다. 그 결과 학생들은 징계나 규제 면에서 교사들보다 더 엄격하고 가혹해질 수 있다. 또한 자치 회의를 이용해 개인적인 이익을 추구하고, 학생들 사이의 싸움을 공개하거나 서로 비방하고, 우월한 지위를 차지하려 하기도 한다. 따라서 자치 제도 초기에는 교사들이 감독하고 조언해 주는 것이 필요하다.

7. 지능 지수는 가능성 지수가 아니다

학생들의 지력 발달과 성격 및 사회적 행동 등의 현재 수준을 파악하기 위해서는 시험이 필요하다. 때로는 지능 검사 같은 시험이 아이에게 구세주가 되기도 한다.

학교 성적이 나쁜 한 소년이 있었다. 담임 교사는 이 학생을 하급반에 편성하려고 했다. 그런데 그 아이의 지능 검사 결과는 놀라웠다. 오히려 상급반에 적응할 수 있는 수준의 높은 지능 지수(IQ)가 나온 것이다. 하지만 지능 지수만으로는 성장 가능성의 한계를 예측할 수 없다. **지능 지수는 아이의 문제점을 파악하고 이를 극복하는 방안을 찾을 때만 사용해야 한다.**

내 경험에 의하면, 지능 검사 결과는 — 아이가 지적 장애 상태가 아니라면 — 올바른 방법으로 다시 검사를 시행하면 언제든지 점수가 바뀔 수 있다. 또 아이들이 지능 검사 관련 놀이를 자주 해서 거기에 익숙해지고 질문 유형을 숙지해 경험이 쌓이면 지능 검사 성적이 향상된다는 사실을 발견했다.

무엇보다 중요한 점은 지능 지수가 아이의 성취 가능성에 대해 숙명적 혹은 유전적으로 어떤 한계를 설정한다고 간주해서는 안 된다는 것이다.

지능 검사 결과를 어린이나 부모에게 알려 주는 것도 삼가야 한다. 그들은 지능 검사의 목적을 알지 못하는 데다, 검사 결과가 최종적인 평가를 의미하는 것으로 잘못 생각할 수도 있기 때문이다. 아동 교육에서 가장 큰 문제는 아이의 한계에서 비롯되는 게 아니라 한계에 대한 잘못된 인식에서 생긴다. 만약 어린이들이 자신의 지능 검사 결과가 나쁘다는 것을 알게 된다면 그들은 희망을 잃고 자신을 성공과 거리가 먼 사람이라고 생각할 것이다. 우리는 교육을 통해 어린이들의 자신감과 관심을 증대시켜야 한다. 또한 어린이들이 자신의 잠재력에 설정해 놓은 한계를 없애 주는 데 힘써야 한다.

학업 성취도 통지서에 대해서도 똑같은 이야기를 할 수 있다. 교사들은 학생들에게 나쁜 성적을 알려 주는 것이 학생들을 더욱 분발하게 한다고 믿을지도 모른다. 하지만 엄격한 가정에서 성장한 어린이들은 통지서를 두려워할 것이다. 저녁 늦게까지 집에 돌아가지 않거나 통지서를 고칠지도 모른다. 어떤 아이들은 통지서 때문에 자살하기도 한다. 이러한 이유로 교사들은 부정적인 결과에 대해서도 심사숙고해야 한다. 물론 교사는 학생들의 가정생활과 그것이 학생에게 미치는 영향에 대해서는 책임이 없지만, 부정적인 결과에 대해서는 고려해야 한다.

부모의 야심이 크고 아이의 성적이 좋지 않다면 아이는 학업 통지서 때문에 심한 꾸지람을 듣게 될 것이다. 반면, 교사가 자상하고 관대하다면 학생들은 용기를 얻고 결국 성공할지도 모른다. 만약 어떤 학생이 늘 나쁜 성적을 받고 모두가 그 학생을 반에서 가장 공부를 못하는 아이로 간주하고 있다고 하자. 그 학생은 자신을 그렇게 믿고 이를 불변의 사실로 확신할 것이다.

공부를 못하는 아이들도 얼마든지 좋은 성적을 낼 수 있다. 역사적 위인 중에는 어린 시절에 학업에서 뒤처졌지만 공부에 대한 흥미와 자신감을 회복한 뒤부터 일취월장해 위대한 업적을 남긴 사람이 많다.

매우 흥미로운 점은 학생들이 성적표 없이도 서로의 능력에 대해 상당히 정확하게 파악하고 있다는 것이다. 학생들은 누가 수학을 가장 잘하는지, 누가 미술이나 체육에서 가장 뛰어난지를 알고 있다.

하지만 대다수 학생이 공통으로 저지르는 실수는 자신이 지금보다 더 잘할 수 없다고 믿어 버리는 것이다. 학생들은 자기보다 앞선 친구들을 절대 따라잡지 못할 것이라고 굳게 믿는다. 어린이들이 이런 사고방식에 사로잡히면 평생 그렇게 생각하며 살아갈 가능성이 커진다. 심지어 성인이 되어서도 다른 사람들과 비교해 자신의 위치를 설정하고, 그 한계에서 절대 벗어나지 못할 것이라고 생각한다.

대부분 학생은 학년이 바뀌어도 반에서 거의 똑같은 위치를 차지한다. 다시 말해 학생들은 항상 최상위권에 있거나, 항상 중간층에 있거나, 아니면 항상 바닥권에 머무르는 것이다. 선천적인 재능의 차이 때문에 이런 현상이 일어나는 것은 아니다. 그런 차이는 학생들 스스로가 설정해 놓은 한계, 즉 그들의 낙관적인 사고방식과 활동 영역의 한계를 보여 주는 것일 뿐이다.

성적이 바닥이었던 아이가 극적으로 변해 놀라운 발전을 보이는 경우는 결코 드문 게 아니다. 그러므로 어린이들은 자신의 잠재력을 스스로 제한하지 않아야 한다. 교사와 학생 모두는 정상적인 지능을 가진 어린이의 발전이 유전적 요인과 관련 있다는 편견에서 벗어나야 한다.

8. 성격과 지능 발달은 유전 탓일까?

교육계에서 만들어진 오류 가운데 최악은, 학생의 발달에는 유전적 한계가 작용한다는 믿음이다. 이런 믿음 때문에 교사들과 부모들이 자신들의 잘못을 어물쩍 넘기고, 시정 노력을 게을리하고 있다. 또한 이런 믿음은 교사들과 부모들이 아이들에게 미친 영향에 대한 책임을 면제받는 평계가 될 수 있다. 어떤 경우든 책임 회피는 결코 용납되어서는 안 된다.

교육자들이 학생의 성격과 지능 발달을 전적으로 유전 문제로 돌린다면 도대체 교육계에서 교사들이 할 수 있는 일이 무엇이라고 생각하는지 의문이 든다. 반면, 자신들의 태도와 노력이 학생들에게 영향을 미친다는 점을 인정한다면 교육자들은 책임을 면할 수 없을 것이다.

내가 언급한 유전은 신체적인 유전이 아니다. 신체적 결함이 유전될 수 있다는 것은 의심할 여지가 없는 사실이다. 유전적인 신체 결함이 정신 발달에 큰 영향을 미친다는 것은 오직 개인 심리학에서만 적용할 수 있는 문제라고 나는 믿고 있다. 어린이들은 자신의 신체적 장애를 의식하고 있고, 장애에 대한 자신의 인식에 따라 스스로의 발달을 제한한다. <u>정신에 영향을 미치는 것은 신체장애가 아니라 그 장애에 대한 어린이의 태도다.</u> 그런 태도로 말미암아 성장이 지장을 받는 정도도 정신에 영향을 미친다. 그러므로 어떤 어린이가 신체적 결함이 있더라도 지력이나 성격에 문제가 있는 것은 아니라는 사실을 이해해야 한다. 앞 장에서 우리는 신체적 장애가 노력과 성공을 향한 자극제로 인식될 수도 있고, 반대로 발달을 저해하는 장애물로 인식될 수도 있음을 살펴보았다.

내가 처음으로 이런 주장을 제기했을 때 많은 사람이 비과학적이며 사실에 부합되지 않는 사적인 신념을 내세우고 있다고 비난했다. 하지만 내 결론은 경험을 통해 도출된 것이며, 이를 입증하는 증거들이 꾸준히 축적되고 있다. 오늘날에는 다른 정신 의학자들과 심리학자들도 같은 관점에 도달하고 있다. 마침내 성격 특징이 유전된다는 믿음은 미신이 된 것이다.

하기야 그런 미신은 수천 년간 존속해 왔다. 사람들이 책임을 회피하려 할 때마다, 인간 행동에 대해 숙명론적인 견해를 취할 때마다 성격의 특징이 유전된다는 이론은 거의 필연적으로 등장했다. 이런 미신이 가장 단순화된 형태가 바로 아기는 태어나는 순간부터 이미 선하거나 악하다는 믿음이다. 이런 형태에서 보면 그런 믿음이 얼마나 터무니없는 생각인지 쉽게 알 수 있다. 책임을 회피하려는 강한 욕구만이 그런 미신의 존속을 허용할 것이다.

'선'과 '악'은 성격의 다른 표현들과 마찬가지로 사회적 맥락 속에서만 의미를 지닌다. 그런 관념들은 특정한 사회 환경 속에서 받은 교육과 훈련의 결과이고, 인간관계 속에서만 형성되는 개념일 뿐이다.

선과 악이라는 관념 속에는 어느 인간의 행동이 '타인의 복지에 유익한지' 혹은 '타인의 복지에 유해한지'를 가늠하는 판단이 내포되어 있다. 태어나기 전의 인간은 이런 의미에서의 사회적 환경을 가지고 있지 않다. 인간은 태어나는 순간부터 둘 중의 어느 한 방향으로 발달할 가능성을 지닌다. 어떤 경로를 선택할지는 자신의 환경과 육체로부터 받는 인상과 느낌, 그리고 이런 인상과 느낌을 해석하는 방식에 달려 있다. 특히 그런 선택은 교육으로 좌우될 것이다.

지적인 능력의 유전에 대해서도 똑같은 이야기를 할 수 있다. 지적 능력의 발달에 관여하는 가장 강력한 요인은 '관심'이다. 앞서 보았듯이 관심을 차단하는 것은 유전이 아니라 패배에 대한 두려움과 실망이다.

물론 두뇌 구조가 어느 정도 유전된다는 것은 의심할 여지가 없는 사실이다. 하지만 두뇌는 정신의 원천이 아니라 정신의 도구이다. 어떤 결함이 현재의 우리 지식으로 극복할 수 없을 정도로 심각하지 않다면, 그 결함을 보상하도록 두뇌를 훈련할 수 있다. 우리는 특출한 능력의 배후에서 특출한 유전적 요인이 아니라 지속적인 관심과 훈련을 발견할 수 있다.

한 세대 이상에 걸쳐서 재능 있는 자손들을 사회에 배출한 가문의 경우는 어떨까. 이 경우에도 유전적인 영향이 작용했으리라 추정할 필요는 없다. 그 가문에서 어느 한 구성원의 성공이 자손들에게 자극제로 작용했고, 자손들이 연습과 실천을 통해 자신들을 훈련했다고 보는 게 나을 것이다.

그러므로 예컨대 독일의 유명한 화학자 유스투스 리비히(1803~1873년)가 약국 주인의 아들이었다고 해서 그의 화학자로서의 재능이 유전된 것이라고 추정할 필요는 없다. 리비히는 가정환경 덕분에 화학에 흥미를 느낄 수 있었다. 대다수 어린이가 화학에 관해 전혀 모르던 나이에 리비히는 화학과 친숙해져 있었다.

모차르트의 부모는 음악에 관심이 있었지만, 모차르트의 음악적 재능이 유전된 것은 아니었다. 모차르트의 부모는 모차르트가 음악에 흥미를 갖기를 바라면서 격려를 아끼지 않았다. 모차르트는 어린 시절부터 음악적 환경에 둘러싸여 살았다.

이러한 '조기 훈련(early start)'의 실제 사례는 많다. 위인들은 네 살 때부터 피아노를 치기 시작하거나, 아주 어린 나이에 글을 쓰기도 했다. 위인들의 관심은 오랫동안 유지되었다. 그들의 훈련은 자발적이고 광범위했다. 그들은 용기를 잃지 않았고, 머뭇거리거나 뒤처져 있지도 않았다.

어린이들이 자신의 발달 가능성에 한계를 정해 놓고 그 한계는 고정불변의 것이라고 굳게 믿는다면, 어떤 교사도 그 한계를 없애지 못할 것이다. 한 교사가 학생에게 "너는 수학에는 소질이 없다."라고 말했다고 하자. 교사의 인생은 편안해질지 모르겠지만, 이런 말은 학생의 용기를 꺾을 뿐이다. 나는 이와 같은 경험을 한 적이 있다.

나는 학창 시절에 수학 지진아였다. 스스로도 수학적 재능은 전혀 없다고 확신하고 있었다. 그런데 어느 날, 깜짝 놀랄 만한 일이 벌어졌다. 내가 선생님을 쩔쩔매게 했던 수학 문제를 완벽하게 풀었던 것이다. 예상치 못했던 성공은 수학에 대한 내 태도를 완전히 바꿔 놓았다. 수학에는 전혀 관심이 없었던 내가 수학을 즐기게 되었고, 수학적 재능을 키우기 위해 모든 기회를 활용하기 시작한 것이다. 그 결과 나는 학교 전체에서 수학을 가장 잘하는 학생이 되었다. 이런 경험은 선천적인 능력이나 특수한 재능 같은 개념을 강조하는 학설들의 오류를 찾아내는 데 도움이 되었다고 생각한다.

9. 학생 개개인과 눈을 맞추어라

우리는 학생 수가 많은 대형 학급에서도 아이들 사이의 차이점들을 발견할 수 있다. 학생들을 한 덩어리의 군집으로 보는 대신에 그들의 개별적인 성격을 제대로 이해하려고 노력한다면, 학생들을 더욱 바람직한 방향으로 지도할 수 있을 것이다. 그런데도 대형 학급에는 분명히 단점이 있다. 인원수가 너무 많다 보니 일부 학생의 문제점이 가려지고, 그런 문제에 적절히 대처하기가 어렵다.

<u>교사들은 담당 학생들과 친밀하게 지내야 한다.</u> 그러지 않으면 학생들의 관심과 협조를 이끌어 내기 어렵다. 나는 학생들이 같은 선생님 밑에서 여러 해 동안 지낸다면 큰 도움이 될 것이라고 생각한다. 하지만 일부 학교에서는 담임 교사가 6개월마다 바뀐다. 이런 상황에서는 어떤 교사도 학생들과 친밀하게 어울리면서 그들의 문제점을 발견하고, 학생들의 발달 상황을 꾸준히 점검할 수가 없다.

만일 교사들이 같은 학생들과 3~4년간 지낸다면 각 학생의 문제점을 발견하고 교정하는 일이 훨씬 쉬울 것이다. 자신의 학급을 협동적인 사회적 단위로 발전시키는 것도 더욱 수월해질 것이다.

어린 학생들이 한 학년을 건너뛰는 것은 별로 바람직하지 않다. 이런 학생들은 주변의 기대를 부담으로 안고 살아야 한다. 하지만 급우들보다 나이가 너무 많거나 발달 속도가 너무 빠를 경우에는 상위 학년으로의 월반도 고려할 수 있다.

하지만 학급이 — 우리가 앞에서 권장했듯이 — 하나의 통합된 단위 조직이라면 어느 한 구성원의 성공은 다른 구성원들에게도 이익이 된다.

한 학급에 우수한 학생들이 남아 있으면 학급 전체의 발전이 가속화되고 강화된다. 이렇게 자극을 받을 기회를 나머지 학생들에게 빼앗는 것은 공평한 처사가 아니다.

이와 관련해 권장하고 싶은 것이 있다. 총명한 학생들에게 그림 그리기 등과 같은 새로운 관심사와 활동 기회를 주자는 것이다. 이런 활동이 성공한다면 나머지 학생들의 관심 범위가 넓어지고 더욱 정진하는 데 격려가 될 것이다.

어린이들이 한 학년을 유급하는 것은 훨씬 더 불행한 일이다. 모든 교사가 동의하는 것처럼 유급한 학생들은 대개 학교에서나 가정에서 문제를 일으킨다. 물론 반드시 그런 것은 아니다. 극히 소수의 학생은 유급해도 아무런 문제가 없다. 하지만 유급하는 대다수 학생은 문젯거리가 된다. 유급한 학생들은 급우들로부터 좋은 평가를 받지 못하고, 본인들도 자신의 능력에 대해 비관적으로 생각한다. 이는 매우 어려운 문제이다. 하지만 현행 학교 구조상 일부 학생의 유급은 불가피한 측면이 있다.

어떤 교사들은 방학을 이용해 뒤처진 학생들을 훈련함으로써 유급을 피하도록 하는 데 성공하기도 한다. 자신의 실수를 인식한 어린이들은 다음 학기 때 성공적으로 학업을 이어갈 수 있었다. 사실 이것이 뒤처진 학생들을 제대로 도와줄 수 있는 유일한 방법이다. 자신의 능력에 대한 평가에서 잘못된 부분을 깨닫게 해 주는 것이다. 이 방법을 통해 학생들은 오류에서 해방되어 자신의 노력으로 발전하게 된다.

나는 지력 발달 속도가 빠른 학생들과 느린 학생들을 분리해 별도의 학급으로 편성하는 학교들에서 한 가지 두드러진 공통점을 발견했다. 물론 이것은 내가 주로 유럽에서 경험한 것이다.

내 관찰에 따르면 열등반에는 정신 지체 아동들과 빈곤층 아동들이 섞여 있었고, 우등반에는 주로 부잣집 아이들이 있었다. 이것은 어느 정도는 이해할 만한 조치로 보인다. 사실 빈곤층 가정의 아이들은 학교생활에 필요한 준비를 제대로 하지 못한다. 이들의 부모는 많은 어려움에 허덕이기 때문에 자녀의 학교생활을 뒷바라지할 수 있는 시간을 충분히 내지 못한다. 어쩌면 자녀의 학업을 도와줄 수 있을 만큼 교육 수준이 높지 않을 수도 있다.

하지만 나는 학업 준비가 제대로 이루어지지 않는 어린이들을 열등반에 넣어서는 안 된다고 생각한다. 잘 훈련된 교사라면 그런 학생들의 미비점을 보완해 가는 방법을 알고 있을 것이다. 또한 그 학생들도 학업 준비가 잘된 급우들과의 교제로 얻는 것이 있다. 만약 이런 학생들을 열등반에 집어넣으면 그들은 그 이유를 금방 눈치챈다. 우등반 학생들도 그 이유를 알고 열등반 학생들을 얕잡아 본다. 이런 상황은 열등반 학생들을 좌절감에 빠뜨리고, 우월 추구 의지만 강화할 뿐이다.

원칙적으로 볼 때 남녀 공학은 매우 바람직하다. 남녀 공학은 남자아이들과 여자아이들이 서로를 이해하고 이성과 협력하는 법을 배울 수 있는 훌륭한 수단이다. 하지만 남녀 공학이 모든 문제를 해결할 것이라고 믿으면 안 된다. 남녀 공학은 그 자체로 특수한 문제들을 일으킨다. 이런 문제들을 인식하고 적절히 대처하지 않는다면, 양성(兩性) 간의 거리감은 남녀 공학이 아닌 학교보다 더욱 커질 것이다.

열여섯 살까지는 여학생들의 성장 속도가 남학생들보다 빠르다. 남학생들이 이 사실을 이해하지 못하면 자긍심을 유지하기 어려울 것이다. 남학생들은 여학생들보다 훨씬 뒤처진 자신의 모습을 보고 용기를 잃게 된다. 성인이 되어서도 과거의 패배를 기억하고는 여성들과 경쟁하는 것을 두려워한다.

남녀 공학을 찬성하되 문제점도 이해하고 있는 교사들은 혼성 학급을 운영하면서 많은 것을 성취할 수 있다. 반면, 남녀 공학에 찬성하지 않고 관심도 없는 교사들은 실패할 가능성이 크다. 남녀 공학의 다른 문제점이 있다. 학생들이 이 제도에 필요한 훈련과 감독을 받지 않으면 성(性) 문제가 발생할 위험이 크다.

학교에서의 성교육은 매우 복잡한 문제이다. 우선, 교실은 성교육에 적합한 장소가 아니다. 교사가 학급생 전원을 상대로 성 문제를 설명한다고 하자. 학생들 개개인이 그 설명을 제대로 이해하는지 확인할 길이 없다. 교사는 공연히 엉뚱한 호기심만 불러일으키게 될지도 모른다. 학생들이 그런 관심에 대해 준비가 되어 있는지, 그런 관심을 자신들의 생활 양식에 어떻게 접목할 것인지에 관해서도 확인할 방법이 없다.

학생들이 성에 관해 더 알고 싶어 하고 개인적으로 질문한다면 교사들은 솔직하게 답변해 주어야 한다. 이런 경우에는 교사도 아이들이 알고 싶어 하는 내용이 무엇인지를 알 수 있고, 학생들이 올바른 해결책을 찾도록 지도할 기회를 얻게 된다.

하지만 교실에서 성 문제에 관한 토론이 너무 자주 반복되면 오히려 역효과가 나타날 수 있다. 성에 관해 오해하는 학생이 반드시 생기게 마련이다. 또한 성 문제를 진지하지 않게 생각하는 학생이 생길 수 있으므로 특별히 주의해야 한다.

10. 게으른 어린이들은 사실 야심이 크다

어린이를 이해하는 방법을 훈련받은 사람이라면 누구나 아이들의 다양한 성격과 생활 양식을 쉽게 구별할 수 있다. 어린이들의 자세, 보고 듣는 방식, 다른 아이들과의 거리, 친구를 쉽게 사귀는 능력, 주의력과 집중력 등을 보면 협동 능력 수준을 알 수 있다.

과제를 잊어버리거나 교과서를 잃어버리는 학생들이 있다. 우리는 이러한 아이들이 학업에 흥미를 느끼지 못하는 것이라고 추측할 수 있다. 이럴 때는 왜 학교가 그 아이들에게 재미없는 곳이 되었는지 알아봐야 한다. 만약 그 학생들이 다른 아이들의 놀이에 참여하지 않는다면 우리는 소외감이나 자기 몰두 성향을 원인으로 지목할 수 있다. 그 학생들이 항상 남의 도움을 요청한다면 원인으로 자립심 결여 혹은 타인의 지지를 받고자 하는 욕망을 들 수 있다.

어떤 아이들은 칭찬과 인정을 받아야만 움직인다. 응석받이 아이들은 교사의 관심을 받으면 학교 공부를 매우 잘하는 경향을 보인다. 반대로 관심을 받지 못하면 문제가 생기기 시작한다. 응석받이들은 '관객'이 없으면 자기 일을 수행하지 못한다. 자신에게 주목하는 사람이 한 명도 없으면 흥미를 잃어버리는 것이다. 이런 아이들에게 수학은 심각한 도전이자 난제다. 응석받이들은 몇 개의 수학 공식이나 명제를 암기하라고 하면 놀라울 정도로 잘 따른다. 하지만 혼자 힘으로 수학 문제를 풀어야 하는 상황이 되면 어찌할 바를 모르고 당황한다.

이것은 그냥 사소한 실패 사례처럼 보일지도 모른다. 하지만 이런 학생들처럼 항상 타인의 관심과 지원을 요구하는 사람들이 타인의 복리에 가장 큰 위험을 초래한다. 이런 태도가 변하지 않는 한, 그들은 어른이 되어서도 항상 다른 사람의 지원이 필요하고 또 지원을 요구할 것이다. 어떤 문제가 발생할 때마다 응석받이들은 자기 대신 다른 사람이 문제를 해결하도록 계산된 반응을 보인다. 이런 사람들은 타인의 행복에는 아무런 이바지를 하지 않은 채 영원한 골칫거리로 평생을 살아갈 것이다.

관심의 대상이 되고 싶어 하는 또 다른 유형의 어린이들은 못된 짓을 해서라도 주목받으려고 한다. 그런 아이들은 이간질하고 수업을 방해한다. 또한 다른 어린이들을 타락하게 하고 모두를 성가시게 한다. 이런 유형의 학생들, 이른바 '불량 학생'에게 벌을 주는 것은 아무런 효과가 없다. 불량 학생들은 오히려 그런 것을 즐기기 때문이다.

불량 학생들은 외면당하기보다는 차라리 벌을 받는 것이 낫다고 여긴다. 벌로 받게 된 고통과 불쾌함은 타인의 관심을 얻기 위한 불가피한 대가라고 생각하는 것이다. 불량 학생들은 징벌을 자신의 생활 양식에 대한 도전으로 여기는 경우가 많다. 그들은 징벌을 누가 가장 오래 버티는지를 가늠하는 시합 내지는 게임으로 간주하는 것이다. 불량 학생들은 이런 게임에서 언제나 이길 수 있다. 늘 그들이 원하는 결과를 얻기 때문이다. 그렇다 보니 부모나 교사와 싸우는 학생들은 벌을 받을 때 눈물을 흘리는 대신 상대방을 비웃을 수 있도록 자신을 훈련하기도 한다.

게으른 어린이들은 항상 패배를 두려워하는 야심적인 아이들이다. 그들의 게으름이 부모와 교사들을 직접 겨냥한 반항이 아니라면 말이다. 사람들은 성공이라는 개념을 각자 다르게 이해한다. 어린이들이 무엇을 패배로 간주하는지를 안다면 깜짝 놀랄 수도 있다. 다른 사람들보다 앞서 있지 않으면 자신을 패배자로 생각하는 어린이들이 의외로 많다. 이런 어린이들은 성공했다고 하더라도 자기보다 더 성공한 사람이 있으면 자신의 성공을 패배로 인식한다.

게으른 아이들은 진정한 패배의 감정을 경험해 본 적이 없다. 진정한 시험에 직면해 본 적이 없기 때문이다. 게으른 아이는 문제를 피해 버리고, 타인과 경쟁할지에 대한 결정을 늦춘다. 그러면 다른 사람들은 그 아이가 게으르지만 않으면 어려움을 극복할 것이라고 생각한다. 게으른 아이들은 "내가 마음만 먹으면 뭐든지 해낼 수 있어!"라는 더없이 행복한 몽상 속에서 도피처를 찾는다. 게으른 아이들은 실패할 때마다 "능력이 없어서가 아니라 단지 게을렀기 때문이지."라고 말한다. 이런 식으로 그들은 패배의 심각성을 가볍게 만들며 자존심을 지키는 것이다.

때로는 교사들도 게으른 학생들에게 이렇게 말한다. "너는 좀 더 열심히 노력하면 반에서 가장 뛰어난 학생이 될 수 있어." 게으른 학생들이 아무런 노력 없이 이처럼 좋은 평판을 얻을 수 있다면 왜 실패의 위험을 무릅쓰고 노력하려 들겠는가? 게으름을 떨치고 노력을 시작했다가는 아직 드러나지 않은 재능이 있다는 주변의 평판이 사라질 것이다. 게다가 게으른 아이들은 '성취했을 수도 있는 무엇인가'에 의해서가 아니라 실제 성적에 의해 냉엄한 평가를 받게 될 '위험'이 있다.

게으른 아이가 얻는 또 다른 이점이 있다. 평소에 안 하던 공부를 조금이라도 하면 칭찬을 받는다는 것이다. 주변 사람들은 기뻐하면서 더욱 발전할 수 있다고 격려해 주기 바쁘다. 평소에 부지런한 학생들이 그 정도로 공부했다면 누구도 관심조차 보이지 않았을 것이다. 게으른 아이들은 이런 식으로 타인의 기대를 이용하며 살아간다. 그들은 어린 시절부터 타인의 노력을 이용해 모든 것을 차지하려는 생각을 하도록 자신을 훈련했던 것이다.

또 다른 유형의 어린이는 늘 친구들의 앞장에 서는 어린이다. 인간에게는 지도자가 필요하다. 하지만 정말로 필요한 지도자는 다른 사람들의 이익을 위해 앞장서는 사람이다. 아쉽게도 이런 지도자는 드물다.

앞장서는 어린이 대다수는 다른 사람을 다스리고 지배할 수 있는 상황에만 관심을 두고 있으며, 그런 조건에서만 친구들과 어울리려고 한다. 이런 어린이들의 장래는 밝지 않다. 세월이 흐르면서 여러 가지 어려움이 발생할 수밖에 없다. 이런 유형의 사람들이 결혼이나 사업 등 사회관계 속에서 서로 만나면 비극적이거나 희극적인 결과를 낳게 된다. 각자 상대방을 지배하고 자신의 우월성을 확보할 기회만을 엿보기 때문이다.

가족 중에 나이가 많은 사람들은 응석받이 아이가 집안의 두목 행세를 하고 폭군같이 구는 것을 재미있게 생각한다. 심지어 부추기기도 한다. 하지만 어른들의 이런 반응은 응석받이 아이의 성격 발달에 전혀 도움이 되지 않는다.

물론 어린이들에게는 매우 다양한 종류의 성격 유형이 있다. 그런 다양한 유형들을 가지치기하듯 잘라 내어 하나의 패턴이나 틀 속에 억지로 구겨 넣어서는 안 된다. 우리는 어린이들을 패배와 곤경으로 이끄는 잘못된 습관이 발달하지 않도록 예방해야 한다. 이런 습관은 어린 시절에 교정하거나 예방하는 것이 비교적 수월하다.

어린 시절의 나쁜 습관이 교정되지 않은 채 성인이 되면 사회생활을 하는 데 심각한 악영향을 미치게 된다. 아동기의 잘못과 성인기의 실패는 직접적인 연관이 있는 것이다. 극단적이기는 하지만 협동을 배우지 못한 어린이들은 나중에 신경증 환자, 알코올 중독자, 범죄자, 또는 자살자가 될 수도 있다.

불안 신경증 환자는 어린 시절에 어둠이나 낯선 인간, 혹은 새로운 상황을 두려워했던 사람들이다. 우울증 환자는 자주 우는 아기였다. 오늘날처럼 번잡한 사회에서 모든 부모와 연락하며 자녀 교육에 도움을 주기란 사실상 불가능하다. 특히 도움이 필요한 부모들이 조언을 요청하지 않는 경우가 많으므로 더욱 불가능하다.

하지만 우리는 교사들을 통해 어린이들에게 다가갈 수 있다. 그렇게 되면 아이들이 독립적이고 용감하며 협조적인 생활을 할 수 있도록 훈련하는 일도 가능하다. 미래의 행복을 확보하는 길이 바로 여기에 있다.

11. 심리학자와 교사가 손잡다

약 15년 전, 나는 교사들에게 다가서고 학교 상담 프로그램을 도입하려는 목적으로 개인 심리학 자문 위원회(Advisory Councils in Individual Psychology)를 설립했다. 이 자문 위원회의 활동은 빈을 비롯한 유럽의 여러 도시에서 매우 가치 있는 것으로 증명되었다.

숭고한 이상과 원대한 희망을 품는 것은 아주 바람직하다. 하지만 실현 방법을 찾지 못하는 이상은 공허할 뿐이다. 지난 15년 동안 유럽 각지의 자문 위원회들은 큰 성공을 거두었다. 또한 아동기의 여러 문제를 다루고 아이들을 책임감 있는 시민으로 교육하기 위한 최선의 기구임이 입증되었다.

물론 나는 자문 위원회가 개인 심리학에 따라 활동할 때에 최고의 성과를 낼 것이라고 확신한다. 하지만 자문 위원회가 다른 학파의 심리학자들과 협력해서는 안 될 이유는 없다. 나는 자문 위원회가 다른 심리학파들과 연계해 설립되어야 하고, 각 학파가 거둔 성과에 대한 비교가 이루어져야 한다고 항상 주장해 왔다.

자문 위원회가 마련한 절차에 따르면 잘 훈련된 심리학자들 — 이들은 교사와 학부모 및 학생들이 직면하는 문제들을 다루어 본 경험이 풍부하다 — 이 교사들을 만나 학생들의 문제에 관해 의논하게 되어 있다.

심리학자들이 해당 학교를 방문하면 교사들은 학생의 사례와 문제점을 설명한다. 게으르다거나, 걸핏하면 싸움한다든가, 무단결석을 하거나 물건을 훔친다든가, 또는 학업에 뒤처진다는 등의 문제점을 들 수 있다. 그러면 심리학자들은 자신의 상담 경험을 소개하고, 양측의 의견 교환이 이루어진다. 학생의 가정생활과 성격 및 발달 상태, 문제가 처음 발생하게 된 상황에 관한 설명도 이어진다. 교사와 심리학자들은 문제가 발생한 원인을 추측해 보고 해결 방안도 모색한다. 그들 모두가 경험이 풍부한 전문가이기 때문에 해결책에 대한 합의도 금방 이루어진다.

심리학자가 방문하는 날에는 학생과 부모가 함께 등교한다. 심리학자와 교사는 학부모에게 어떻게 설명하면 가장 좋을지, 학생이 실패한 원인과 해결책을 어떻게 제시하는 게 좋을지를 의논해서 결정한 뒤에 학부모를 상담실로 들어오게 한다. 학부모가 추가적인 정보를 알려 주면 학부모와 심리학자의 의견 교환이 시작된다. 심리학자는 학생을 도와줄 방안을 제시한다.

대부분 학부모는 이런 상담 기회를 몹시 반가워하며 적극적으로 협력하려고 한다. 하지만 협력에 소극적인 태도를 보이는 학부모도 있다. 이런 경우에는 심리학자나 교사가 비슷한 사례들에 관해 설명한 뒤에 문제 학생에게 적용할 수 있는 결론을 이끌어 낸다.

학생이 상담실로 들어오면 심리학자가 그 아이와 대화를 시작한다. 이 때 아이의 잘못은 거론하지 않고 아이의 당면 문제를 설명해 준다. 심리학자는 학생의 말을 들으며 순조로운 성장을 방해한 판단이나 견해 등 학생의 사고방식을 찾아내기 위해 노력한다. 예를 들어 그 학생이 자기는 무시당하고 다른 아이들은 존중받는다는 식으로 믿고 있는지 확인하는 것이다.

심리학자는 절대로 그 학생을 책망하지 않고 우호적으로 대화하면서 그 아이의 관점을 이해하려고 노력한다. 학생의 특정 잘못을 언급하고 싶을 때는 그것이 가상 사례인 것처럼 제시하면서 학생의 의견을 이끌어 낸다. 이런 일에 경험이 없는 사람들은 학생들이 얼마나 잘 이해하는지, 학생들의 전반적인 태도가 얼마나 빨리 변할 수 있는지를 보고 깜짝 놀랄 것이다.

이 프로그램에서 내가 훈련한 교사들은 모두 만족해하고 있다. 그들은 어떤 경우에도 이 상담 프로그램을 포기하지 않으려 한다. 상담 프로그램이 교사들의 학교 업무를 더욱 흥미롭게 만들어 주고, 모든 노력이 결실을 보도록 도와주기 때문이다. 업무량이 늘어났다고 불평하는 교사는 단 한 명도 없다. 오랜 시간 동안 교사들을 괴롭혔던 문제를 30분 정도 만에 해결할 수 있기 때문이다.

상담 프로그램이 진행되면서 학교에서는 협동 정신이 고조되고, 시간이 조금 지난 후에는 중대한 문제가 더는 발생하지 않는다. 가벼운 문제들만 자문 위원회에 회부될 뿐이다. 교사들도 심리학자와 다를 바가 없어진다. 교사들은 성격의 통합성, 성격의 온갖 양상과 표현의 일관성에 관해 이해하게 된다. 그들은 업무 중에 어떤 문제가 발생하면 혼자 힘으로 해결할 수 있다. 우리의 바람은 모든 교사가 심리학 훈련을 받음으로써 심리학자들을 별도로 불러들일 필요가 없어지는 것이다.

예를 들어 어떤 학급에 게으른 학생이 한 명 있다고 하자. 교사는 학생들에게 게으름을 주제로 토론할 것을 제안한다. 교사는 다음과 같은 질문들로 토론을 이끌어 간다. "게으름은 어디에서 오는가?", "왜 어떤 사람들은 게으른가?", "게으른 아이는 왜 변하지 않는가?", "무엇이 변해야 하는가?" 학생들은 이 주제에 관해 토론하고 결론에 도달할 것이다.

게으른 학생은 토론의 대상이 자기인 줄은 전혀 눈치채지 못한다. 하지만 게으름은 자신의 문제이기 때문에 토론에 흥미를 느끼고, 그 과정에서 많은 것을 배우게 된다. 만약 이 학생이 직접 비판을 받는다면 아무것도 배우지 못할 것이다. 하지만 급우들의 토론을 경청할 수 있다면 자신의 문제와 연결 지어 생각해 볼 것이고 어쩌면 기존의 생각을 바꿀지도 모른다.

교사들만큼 학생들의 마음을 잘 이해할 수 있는 사람은 없다. 교사들은 수많은 유형의 어린이들을 경험한다. 숙련된 교사는 모든 아이와 친밀한 관계를 맺기도 한다. <u>어린이들의 초기 실수가 오래도록 남을지, 아니면 교정될지는 교사들에게 달려 있다.</u> 부모와 마찬가지로 교사들은 인류의 미래를 지키는 수호자다. 그들이 할 수 있는 역할은 무궁무진하다.

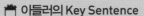

📺 아들러의 Key Sentence

"우리가 알든 모르든, 학교 개혁을 주창하는 사람들은 모두 사회생활에서 협동의 수준을 강화하는 방법을 추구한다. 예를 들어 인성교육(character education, 성격 교육)을 요구하는 주장의 이면에는 바로 이런 목적이 있는 것이다."

"선생님이나 급우들과 교제하는 것을 어렵게 생각하는 아이에게 절대로 해서는 안 될 일이 있다. 바로 그 아이를 비판하거나 꾸짖는 행동이다. 이런 식으로 접근한다면 아이는 학교를 싫어할 수밖에 없다."

"어떤 과목이든 가장 좋은 교수법은 일상생활과 연관 지어 가르치는 것이다. 그럼으로써 아이들은 수업의 목적과 수업 내용의 실용적 가치를 깨달을 수 있다."

"교육자들이 학생의 성격과 지능 발달을 전적으로 유전 문제로 돌린다면 도대체 교육계에서 교사들이 할 수 있는 일이 무엇이라고 생각하는지 의문이 든다."

PART 2
자유롭게
성장 과정을 누려라

청소년기

As long as children were appreciated, they could move forward.
청소년들은 인정받을 때 앞으로 나아갈 수 있다.

〈김춘경의 아들러 읽기〉 – 청소년기는 위험한 시기가 아니다
• 당신의 청소년기는 어땠는가? 큰 변화와 어려움이 있었는가?
• 청소년기에 당신을 사로잡았던 고민거리는 무엇이었는가?
• 당신에게 성인이 된다는 것은 어떤 의미였는가?

아들러는 청소년기가 특별히 위험하거나 문제가 되는 시기가 아니라고 보았다. 청소년들의 문제는 청소년기가 되면서 생긴 것이 아니다. 유아기와 아동기 때 잘못된 생활 양식이 형성되면서부터 문제가 시작된 것이다. 청소년기에는 해야 할 일과 책임져야 할 일이 많아지면서 잘못된 삶의 결과가 잘 드러나기 때문에 문제가 더 크게 보인다. 대부분 부모는 자녀들이 어릴 때는 말을 잘 들었는데 사춘기가 되면서부터 이상해졌다고 생각한다.

하지만 아이들의 생활 양식을 살펴보면 이후의 삶을 어떻게 살게 될지 알 수

있다. 청소년기에 잘못된 생활 양식이 교정되지 않으면 더 큰 개인적 · 사회적 문제로 커질 수 있다.

아들러는 청소년기에 신경증과 범죄가 시작된다고 했다. 최근 우리나라 청소년들이 겪는 학교 폭력, 집단 따돌림, 우울, 자살, 성폭력, 게임 중독, 가출 등의 문제들도 방치하면 더 큰 범죄와 정신 장애를 낳게 된다. 상담을 의뢰한 청소년들에게 "이런 방식으로 계속 살면 10년 후에는 어떤 모습으로 살아갈 것 같니?"라고 물어보면 그들의 답은 "자살하겠지요.", "소년원에 가 있겠지요.", "정신 병원에 들어가 있겠지요.", "교도소에 수감되어서 살겠지요." 가운데 하나였다. 이러한 청소년들을 도와주지 않으면 이들뿐 아니라 사회 전체가 더 큰 위험과 어려움에 빠질 것이다.

우리나라에서는 청소년들을 보호하고 교정하기 위해 청소년 보호법, 청소년 활동 진흥법, 청소년 복지 지원법 등을 제정하고 청소년 위원회, 청소년 상담 센터, 청소년 지원 센터, 청소년 상담 지원 센터, 청소년 수련원, 청소년 복지 센터, 청소년 종합 상담실, Wee-센터, Wee-클래스 등 청소년을 위한 법과 제도, 시설 등을 제공하고 있다. 하지만 청소년 문제는 갈수록 다양해지고 심각해져 가고 있다.

아들러는 청소년들에게 용기와 공동체감이 필요하다고 했다. 어릴 때부터 사회적 관심과 공동체감을 지니고, 다른 사람과 협력하는 방법을 훈련받은 청소년들은 큰 어려움 없이 삶에 잘 적응한다. 하지만 훈련을 받지 못한 청소년들은 자기 일을 수행할 능력이 없다고 생각하고는 크게 낙심한다. 그들은 과제가 많아질수록 더 크게 낙심한다. 이런 청소년들에게 필요한 것은 용기와 올바른 길로 가기 위한 방향 전환이다. 이를 위해서는 지금까지 쌓아 왔던 훈련을 모두 교체해야 한다.

낙심한 청소년들에게 가장 필요한 것은 무엇일까? 이들을 바꿀 수 있는 묘약은 인정과 사랑, 존중이다. 잘못된 방향을 바로잡기 전에 먼저 관심과 인정을 베풀어야 한다. 청소년들의 나쁜 행동은 모두 인정과 관심을 받으려는 무의식적 목적의 성취인 것이다.

이 세상에 인정받을 가치가 없는 사람은 없다. 다만 인정해 주는 사람을 못 만났을 뿐이다. 불행하게도 인정을 받아 보지 못한 부모를 만나 인정과 관심을 받지 못하는 아이들이 있다. 하지만 사랑과 관심을 보여 주는 사람이 꼭 부모일 필요는 없다. 교사여도 좋고 친구와 친척이어도 좋다. 누구든 능력과 잠재력을 인정해 주고 존재 자체를 사랑해 주면 아이들은 변한다.

오래전 사이버 상담실을 운영할 때 공개 상담 코너에서 한 청소년을 만났다. 그는 학교에 자퇴서를 내고 가출한 후 자살을 시도하려고 했다. PC방에 머물며 지내던 중 사이버 상담실을 방문한 것이다. 나는 며칠 동안 그 학생과 글을 주고받았다. 그런데 어느 순간 일주일이 넘도록 상담 코너에 그 학생의 글이 올라오지 않았다. 혹시나 삶을 포기한 것은 아닐까 걱정이 되었다. 그러던 어느 날, 그 학생의 글이 올라왔다. 너무나 반가운 마음에 급하게 열어 보았다.

"오랫동안 글이 없어서 놀라셨지요? 죽기 전에 한번 열심히 살아 보자 결심하고 학교에 다시 갔습니다. 학교에서 청소 봉사를 일주일 동안 하라고 해서 PC방에 올 시간이 없었습니다. 제가 왜 다시 살아 볼 결심을 했는지 궁금하시지요? 누군가 내가 잘 살기를 간절히 바란다는 것이 느껴져서 그런 생각을 했습니다. 다시 살게 해 주셔서 감사합니다."

읽고 또 읽어도 감동을 주는 글이었다. 누군가 자신이 잘 살기를 바란다는 것이 느껴져서 자살을 포기한 것이다. 그렇다면 왜 이 학생은 자신이 잘 되기를 바라는 사람을 못 만난 것일까? 그런 사람이 주변에 없지는 않았을 것이다.

다만 이 학생이 느낄 수 있도록 전달하지 못했던 것이다.

어른들은 청소년들을 사회의 일원으로 받아들이고, 사회에 공헌할 수 있도록 도와야 한다. 어른들의 이런 진심이 전달된다면 청소년들은 잠재된 능력을 발휘해 큰 성과를 이루어 낼 것이다.

1. 사춘기의 반란

사춘기(adolescence)를 다룬 책들은 수없이 많다. 그 책들의 대부분은 마치 사춘기가 한 개인의 성격을 통째로 바꿀 수도 있는 위험한 시기인 것처럼 설명하고 있다. 사춘기에 많은 위험이 도사리고 있는 것은 사실이다. 하지만 그런 위험들이 한 인간의 성격을 바꿀 수 있다는 것은 사실이 아니다. 사춘기는 성장 과정에 있는 청소년들이 새로운 상황과 새로운 시련에 직면하도록 할 뿐이다.

사춘기에 들어선 청소년들은 자신이 인생의 최전선에 다가가고 있다고 느낀다. 자신의 생활 양식에서 여태까지 볼 수 없었던 각종 오류가 나타나기 시작한다. 이 오류들은 노련한 눈을 가진 사람이라면 항상 볼 수 있었던 것들이다. 사춘기에 들어서면 그 문제들이 크게 불거지면서 더는 간과할 수 없게 된다.

2. '당연히' 어린아이가 아닌 시기

대부분 청소년에게 사춘기는 어느 한 가지를 의미한다. 청소년들이 더는 어린아이가 아니라는 점을 '증명해야 하는' 시기인 것이다. 만약 어른들이 청소년들에게 "그럼! 너는 이제 당연히 어린아이가 아니지."라고 말해 준다면 사춘기라는 상황에서 많은 긴장감이 없어질 것이다. 하지만 청소년들이 자신의 성숙함을 반드시 증명해야 한다고 느낀다면 청소년들은 불가피하게 그 점을 지나치게 강조하려고 애쓸 것이다.

대부분 청소년이 사춘기 때 보이는 행동은 어른과 대등한 존재라는 점, 그리고 자신의 독립성과 남성다움(혹은 여성다움)을 보여 주고 싶은 욕구에서 비롯된다. 이런 행동이 나아가는 방향은 청소년들이 '성인이 된다는 것'에 부여하는 의미에 따라 결정될 것이다. 성인이 된다는 것이 모든 제약으로부터의 해방을 의미한다면 청소년들은 온갖 제약에 맞서 싸울 것이다. 이것은 이 시기의 청소년들이 흔히 하는 행동이다.

　사춘기에 들어선 청소년의 상당수가 담배를 피우거나 욕설을 하거나 밤늦게까지 돌아다닌다. 어떤 청소년들은 부모에게 예상치 못했던 반항을 하기도 한다. 부모들은 순종적이었던 자녀가 반항적인 태도를 보인다는 사실에 당황해한다.

　하지만 사실상 청소년들의 태도가 변한 것이 아니다. 겉보기에는 순종적인 청소년들이 내심으로는 늘 부모에 대한 반항심을 품어 왔던 것이다. 더 많은 자유와 힘을 갖게 된 사춘기에 들어와서야 그 반항을 공개적으로 선언했을 뿐이다.

　아버지한테 항상 호되게 야단맞고 살아온 소년이 있었다. 그 소년은 조용하고 유순한 것 같았지만, 내심으로는 아버지에게 복수할 날만을 기다리고 있었다. 사춘기가 되어 이제는 강해졌다고 느낀 소년은 곧바로 아버지와 싸움을 벌이고는 집을 나가 버렸다.

　사춘기 청소년들에게는 더 많은 자유와 독립성이 허용되는 경우가 있다. 부모들도 더는 자녀들을 끊임없이 감독하고 통제할 수만은 없다고 느낀다. 부모가 감독 권한을 계속 행사하려 한다면 청소년들은 부모의 통제를 피하고자 훨씬 더 완강하게 대응할 것이다. 부모가 자녀들이 여전히 어린아이임을 증명하려고 노력할수록 청소년들은 그 반대를 증명하기 위해 더욱 거칠게 행동할 것이다. 이런 투쟁으로 말미암아 적대적인 태도가 발달하고, 급기야는 '사춘기 반란(adolescent revolt)'의 전형적인 그림이 그려진다.

3. 낯설기만 한 신체적 변화

사춘기의 범위를 엄격하게 정하기는 어렵다. 일반적으로 사춘기는 대략 열네 살에서 스무 살까지 지속되지만 열 살에서 열한 살 사이에 사춘기가 시작되는 어린이들도 있다.

사춘기에는 모든 신체 기관이 빠르게 발달한다. 때로는 각 장기 사이의 기능 조화가 원활하게 이루어지지 않는 경우도 생긴다. 어린이들은 사춘기 때 키가 부쩍 자라고 손발도 더 커진다. 하지만 활동성이 떨어지고 매사에 서툰 아이들도 있다.

따라서 어린이들은 언행을 조절하는 훈련을 받아야 한다. 하지만 혹시라도 훈련 과정에서 비웃음을 받거나 핀잔을 듣는다면 어린이들은 자신이 원래부터 어설프고 어색한 인간이라고 믿을 것이다. 실제로도 그렇게 변할 수 있다.

내분비샘도 어린이의 발달에 이바지한다. 사춘기에는 내분비샘의 활동이 증가하면서 분비물이 많아지고 제2차 성징도 뚜렷해진다. 남자아이들은 수염이 자라기 시작하고 목소리가 변한다. 여자아이들은 유방과 몸집이 부풀어 오르고, 좀 더 여성적인 몸매로 변해 간다. 이런 변화들은 사춘기 청소년들이 오해하기 쉬운 부분이기도 하다.

4. 어른이 된다는 게 두렵다

어른으로 살아가는 것에 대한 준비가 충분히 되어 있지 않은 청소년들은 때로 두려움을 느낀다. 직업 활동, 사회관계 맺기, 사랑과 결혼 등 성인이라면 누구나 직면할 수밖에 없는 인생 과제들이 다가오기 때문이다. 청소년들은 이런 문제들에 제대로 대처할 수 없을 것 같다는 불안감에 희망을 잃어버리기도 한다. 사람들 앞에만 서면 수줍음을 타기 때문에 집 안에만 틀어박혀 지내려고 한다.

또한 청소년들은 관심이 있는 일거리를 찾지 못하고, 어떤 일을 해도 실패할 것이라고 굳게 믿는다. 이성이 옆에 있으면 당황해서 어쩔 줄 모르고, 이성과 만나는 것을 두렵게 생각하기도 한다. 이성이 말을 걸어오면 얼굴이 새빨개지면서 대답할 말을 찾지 못한다. 그러면서 날마다 더욱 깊은 절망 속으로 빠져들기도 한다.

극단적인 경우에 이런 청소년들은 어떤 인생 문제에도 전혀 대처할 수 없게 되고, 결국에는 아무도 그들을 이해하지 못하게 된다. 이런 청소년들은 사람들을 똑바로 바라보지 못하고, 사람들에게 말을 걸지도 못하며, 남들의 이야기를 제대로 듣지도 못한다. 또한 어떤 일이나 공부도 하지 않고 공상의 세계로 빠져든다. 단지 수치스러운 성행위의 잔상만 남아 있을 뿐이다. 이 정도 상태가 되면 정신 분열증(조현병)의 증상으로 볼 수 있다. 정신 분열증은 잘못된 사고방식으로부터 시작된다.

이런 청소년들이 잘못된 길로 들어섰음을 보여 주고 더 나은 길을 제시해 줄 수 있다면, 용기를 북돋아 줄 수 있다면 정신 분열증의 증상은 치유할 수 있다. 물론 쉽지는 않다. 청소년들의 삶과 지금까지 받아 온 훈련을 통째로 교정해야 하기 때문이다. 이를 위해서는 청소년들의 과거 · 현재 · 미래가 의미하는 바를 그들만의 사적인 논리가 아닌, 객관적이고 더욱 과학적인 관점으로 바라보아야 한다. 사춘기의 모든 위험은 인생의 3대 과제에 올바르게 대처하는 훈련을 받지 못한 데서 비롯된다. 청소년들이 미래를 두려워하고 자신의 장래에 대해 비관적이라면 당연히 인생 과제에 많은 노력을 기울이지 않을 것이다.

하지만 이런 소극적인 자세는 아무것도 해결하지 못한다. 이런 청소년들은 명령을 듣고 훈계와 비판을 받을수록 자신들이 벼랑 끝에 서 있다고 생각한다. 부모들이 몰아붙이면 청소년들은 더욱 뒷걸음질한다. 청소년들의 용기를 되살리는 데 실패한다면 그들을 도우려는 모든 노력은 물거품이 될 것이다. 더 큰 상처만 입힐 수도 있다. 청소년들이 비관적이고 겁에 질려 있다면 더 많은 노력과 자신감 회복을 기대하기는 어렵다.

5. 문제도 많고 유혹도 많다

사춘기에 저지르는 실수 대부분은 어린 시절에 응석받이로 성장한 데 그 원인이 있다. 원하는 모든 것을 부모로부터 받는 데 익숙해진 청소년들은 어른의 책무를 직접 담당해야 하는 상황이 오면 극도의 스트레스를 받을 수밖에 없다. 청소년들은 여전히 응석받이 대우를 받고 싶지만 더는 관심의 대상이 되지 못한다는 것을 알아차린다. 그러고는 삶이 자신들을 속이고 실망하게 했다고 생각한다. 온실에서 자란 청소년들에게 바깥 세계의 공기는 너무도 차가운 것이다.

이 시기에 일부 청소년은 여전히 어린아이로 남아 있고자 한다. 그들은 심지어 갓난아기 말투로 말하거나 자기보다 어린아이들과 노는 것을 좋아하면서 영원히 어린 상태로 살아가고자 한다. 하지만 대다수 청소년은 이와는 반대로 어른처럼 행동하려고 애쓴다. 실제로 그렇게 할 용기가 없을 때는 과장되고 엉뚱한 짓으로 어른을 흉내 내기도 한다. 예컨대 거침없이 돈을 쓰거나 이성들과 시시덕거리고, 때로는 사랑의 불장난을 일으키는 것이다.

좀 더 어려운 경우도 있다. 성격이 외향적이고 활동적인 청소년들은 각종 인생 문제에 대처할 방도를 찾지 못하면 범죄의 길로 들어서기 시작한다. 이런 현상은 과거에 비행을 저질렀지만 들킨 적이 없고, 자신이 영리해서 앞으로도 발각되지 않을 것이라고 확신하는 청소년들에게서 많이 나타난다. 범죄는 여러 가지 인생 과제, 특히 생계비 부담을 해결해야 하는 문제로부터 도망칠 수 있는 안이한 방법의 하나다. 열네 살부터 스무 살 사이의 청소년 비행 사건이 증가하는 것은 우연의 일치가 아니다. 앞에서도 언급했지만 이것은 새로운 문제가 발생한 게 아니다. 청소년들의 생활 양식에 이미 존재하던 결함들이 가중된 압박감 때문에 겉으로 드러났을 뿐이다.

외향성과 활동성이 비교적 약한 청소년들이 쉽게 선택하는 현실 도피 수단은 신경증이다. 신경성 질환과 기능성 질환(신체 기관의 기능 이상을 일으키는 질병 — 역주)을 앓기 시작하는 것도 바로 이 시기다. 신경증의 모든 증상은 우월감을 훼손하지 않은 채 인생 과제를 거부할 명분을 확보하기 위해 고안된 것이다. 따라서 신경증 증상은 사회생활 과제에 직면했는데 이를 사회적 방식으로 해결할 준비가 되어 있지 않았을 때 나타난다.

이러한 좌절감은 엄청난 스트레스를 불러일으킨다. 사춘기 청소년의 신체는 이런 스트레스에 상당히 민감한 반응을 보인다. 모든 기관이 자극을 받고 신경계 전체가 영향을 받는다. 이렇게 생긴 기능성 질환은 망설임과 실패의 또 다른 변명으로 이용된다. 질병으로 생긴 고통 때문에 자신의 책임이 면제되었다고 여기는 것이다. 이렇게 해서 신경증의 구조가 완성된다.

모든 신경증 환자는 자신의 선의를 강조한다. 신경증 환자들은 사회적 감정이 필요하다는 것과 인생 과제에 직면해야 한다는 것을 잘 알고 있다. 다만 이런 보편적인 요구에서 자신들의 경우만은 예외로 간주한다. 그들에게 이런 면책권을 주는 것이 바로 신경증이다. 그들의 모든 태도가 이렇게 말한다. "나는 내 모든 과제를 스스로 해결하고 싶다. 하지만 불행하게도 (신경증 때문에) 방해를 받고 있어서 그렇게 하지 못하는 것뿐이다."

신경증 환자는 범죄자와 다르다. 범죄자들은 나쁜 의도를 노골적으로 드러내는 경우가 많다. 그들의 사회적 감정은 은폐되고 억압되어 있다. 신경증 환자들은 선한 동기를 가지고 있지만 행동이 이기적이고 동료들의 협동을 방해한다. 신경증 환자와 범죄자 중 어느 쪽이 인류의 행복에 더 해악을 끼치는지를 판정하기는 어렵다.

사춘기 때는 기존의 경향이 역전되기도 한다. 예를 들면 많은 기대를 받았던 청소년이 공부나 일에서 실패하기 시작하고, 반대로 재능이 부족하다고 여겨졌던 청소년이 예상치 못한 능력을 발휘하는 것이다. 이러한 현상은 기존의 경향에 모순이 있었기 때문에 나타나는 것은 아니다. 청소년들은 주위의 기대에 어긋나지 않을까 두려워하기 시작한다. **청소년**

들은 지원과 인정을 받을 때는 앞으로 나아갈 수 있다. 하지만 혼자 힘으로 헤쳐 나가야 할 시기가 되자 용기가 꺾이면서 후퇴하는 것이다.

반면, 다른 청소년들은 새롭게 얻은 자유로 사기가 올라간다. 이들에게는 야망을 실현할 길이 명확히 보인다. 마음은 새로운 아이디어와 계획들로 충만해진다. 인생에 대한 관심이 더욱 생생해지고 강렬해진다. 이들은 용기를 잃지 않고 간직해 온 청소년들이다. 이들에게 독립이란 패배의 위험을 가져오는 것이 아니라 성취와 공헌의 기회가 확대되는 것을 의미한다.

6. 내 가치를 인정해 주세요

다른 사람들이 자신을 경시하고 무시했다고 느꼈던 청소년들이 있다고 하자. 이들은 친구들과의 관계가 돈독해진 만큼 마침내 다른 사람들의 인정을 받게 될 것이라는 희망을 품기 시작한다. 그들 중 다수는 사회적 인정을 받고 싶은 갈망에 완전히 사로잡히게 된다. 남자아이들이 칭찬을 추구하는 일에 너무 집착하는 것은 위험하다. 하지만 여자아이들이 지나치게 자신감을 잃고 타인의 인정과 평가 속에서만 자신의 가치를 증명할 수 있다고 생각하는 것도 위험하기는 마찬가지다.

이런 여자아이들은 여자의 기분을 들뜨게 하는 방법을 아는 남자들의 손쉬운 제물이 된다. 집에서 인정받지 못한다고 느끼는 여자아이들은 성관계를 맺기 시작한다. 단순히 자신이 어른임을 증명하기 위해서 그런 행동을 하는 것이 아니다. 마침내 인정을 받고 관심의 대상이 될 수 있을 것이라는 헛된 희망에서 그러는 것이다.

열다섯 살인 한 소녀의 경우를 예로 들어 보자. 소녀의 집안은 몹시 가난했고, 소녀의 오빠는 자주 병을 앓았다. 어머니는 아들을 돌보느라 딸에게 관심을 기울일 여유가 없었다. 게다가 소녀의 아버지마저 병약해서 어머니가 딸에게 할애할 시간은 더욱 줄어들었다.

소녀는 보살핌을 받는다는 것이 무엇을 의미하는지를 직접 보고 이해할 수 있는 처지였다. 소녀는 늘 보살핌을 받고 싶어 했지만 집안에서는 이룰 수 없는 꿈이었다. 그런 상황에서 여동생이 태어났다. 아버지는 건강을 되찾았지만 어머니는 갓난아기를 돌보는 데 전념했다. 소녀는 집안에서 사랑과 보살핌을 받지 못하는 사람은 자기뿐이라고 느꼈다. 하지만 소녀는 집안에서는 착한 딸이었고, 학교에서는 최우수 모범생이었다.

소녀는 성공적인 학업을 이어갈 수 있다는 기대를 품고 고등학교에 진학했다. 하지만 담임 교사는 소녀에 관해 아는 것이 없었다. 소녀는 고등학교의 강의 방식을 이해할 수 없었다. 성적이 떨어지기 시작했다. 교사의 꾸중을 들은 뒤부터는 자신감마저 잃기 시작했다. 소녀는 하루라도 빨리 인정을 받고 싶었다. 가정에서도 학교에서도 인정을 받지 못하고 있다는 것을 알았을 때 소녀에게 남은 것은 무엇이었을까?

소녀는 자신을 인정해 줄 만한 남자를 찾기 시작했다. 몇 차례의 경험 끝에 소녀는 가출해서 한 남자와 2주간 동거했다. 가족들은 몹시 걱정하며 소녀를 찾으려고 애썼다. 우리는 소녀가 어떤 상황에 부닥치게 될지 짐작할 수 있다. 소녀는 그 남자와 동거했어도 자신의 가치를 인정받은 것이 아니라는 점을 깨닫고는 자신의 행동을 후회했다.

소녀가 다음으로 생각한 것은 자살이었다. 그녀는 "걱정하지 마세요.

저는 독약을 먹었어요. 지금 너무 행복해요."라는 내용의 편지를 집에 보냈다. 사실 소녀는 독약을 먹지 않았다. 그녀는 부모가 자신에게 관심이 있음을 알고 있었기 때문에 부모의 동정심을 끌어낼 수 있다고 생각했다. 그래서 소녀는 어머니가 자기를 찾아와서 집에 데리고 갈 때까지 기다렸다.

소녀가 자신의 모든 노력이 결국 인정을 받기 위한 것임을 알았더라면 이 모든 어려움은 발생하지 않았을 것이다. 또 고등학교 담임 교사가 소녀를 제대로 이해해 주었다면 이런 문제들을 예방할 수 있었을지도 모른다. 소녀에게는 세심한 배려가 필요하다는 사실을 그 교사가 미리 알았다면 그녀가 이처럼 크게 낙심하지는 않았을 것이다.

다른 사례를 들어 보자. 유약한 부모 아래에서 한 여자아이가 태어났다. 아들을 원했던 어머니는 몹시 실망했다. 어머니는 여성의 역할을 낮게 평가했다. 딸아이도 그 점을 느끼면서 성장할 수밖에 없었다. 그녀는 어머니가 아버지에게 "저 아이는 전혀 매력이 없어요. 나중에 어른이 되어도 아무도 저 아이를 좋아하지 않을 거예요."라든가 "저 아이가 더 나이 들면 어떻게 하지요?" 같은 이야기를 하는 것을 여러 번 엿들었다. 이 여자아이는 열 살쯤 되었을 때 어머니 친구가 어머니에게 보낸 편지를 우연히 보게 되었다. 어머니가 딸 한 명만 있는 것을 위로하면서 아직 젊으니까 아들을 낳을 시간은 충분하다는 내용이었다.

이 소녀가 어떤 기분이었을지 상상하기는 어렵지 않다. 몇 달 뒤 소녀는 시골에 있는 삼촌 집에 놀러 갔다. 그곳에 있는 동안 소녀는 지능이 낮은 시골 소년의 '애인'이 되었다. 소년은 떠났지만 소녀는 그 이후로도 똑같은 행동을 지속했다. 내가 그녀를 만났을 때 그녀는 이미 여러 명의 남성과 연애한 경력이 있었다. 하지만 어떤 관계에서도 자신이 제대로 인정받았다는 느낌이 들지 않았다고 했다.

그녀가 나를 찾아온 이유는 불안 신경증에 시달리고 혼자서는 집 밖으로 나갈 수 없었기 때문이었다. 그녀는 인정을 받기 위한 한 가지 방법이 실패하면 다른 방법을 시도했다. 그녀는 정신적 고통으로 말미암아 온 가족을 괴롭히기 시작했다. 가족들은 폭군처럼 구는 그녀의 허락 없이 어떤 일도 할 수 없었다. 그녀는 걸핏하면 울부짖고 자살하겠다고 협박했다. 그녀에게 자신의 위치를 제대로 평가하도록 하고, 사춘기 때 거절 당하는 느낌(feeling of rejection)에서 벗어나려는 욕구에 지나치게 집착했었다는 점을 이해시키는 것은 무척 어려운 일이었다.

7. 청소년은 어른임을 보여 주고 싶어 한다

사춘기의 청소년들은 성인임을 증명하고 싶은 마음에서 자신의 성생활을 과대평가하고 과장하는 경향이 있다. 예를 들어 어떤 여자아이가 부모와 자주 다투면서 자신이 늘 억압받고 있다고 믿는다면 반항의 표시로 문란한 성관계를 맺을 수도 있다. 여자아이는 어머니가 그 사실을 알게 되든 말든 개의치 않는다. 오히려 어머니가 그 사실을 알고 걱정하면 더 고소해한다.

여자아이가 부모와 오랜 기간 사이가 좋지 않다면 아무 남자와 성관계에 빠져들기 쉽다. 이런 여자아이 대부분은 그동안 가정 교육도 잘 받고 착한 아이라고 여겨져 왔던 소녀들이다. 그런 행동을 하리라고는 누구도 예상치 못했던 아이들이다. 이런 소녀들에게 책임을 묻기는 어렵다. 그들은 인생에 대한 준비가 제대로 되어 있지 않았을 뿐이다. 이런 소녀들은 자신들이 무시당했다고 느끼고, 여성은 열등하다는 편견을 품고 산다. 그들에게는 자유분방한 성관계만이 더욱 강한 지위를 획득할 수 있는 유일한 방법으로 보였던 것이다.

8. '남성적 저항'으로 여성 역할을 거부하다

응석받이로 자란 소녀들은 전통적인 여성 역할에 순응하는 것을 어렵게 생각한다. 현재 문화는 여전히 남성이 여성보다 우월하다는 인식을 심어 준다. 그 결과 응석받이로 살아온 여자아이들은 자신이 여성이라는 사실을 싫어한다. 그리하여 그들은 내가 '남성적 저항(masculine protest)'이라고 부르는 행동 방식을 보인다.

남성적 저항은 매우 다양한 행동으로 나타날 수 있다. 어떤 경우에는 단순히 남성을 싫어하고 피하는 형태로 나타난다. 어떤 여성들은 남성을 좋아하기는 하지만, 일행 중에 남성들이 있으면 어색해하고 그들에게 말을 걸지도 못한다. 그래서 남성이 끼어 있는 모임에는 아예 참석하지 않으려 한다. 이런 여성들은 나이가 더 들면 결혼할 것이라고 주장하는 경우가 많다. 하지만 실제로 남성에게 접근하지 않고 남성을 친구로 사귀지도 않는다.

여성의 역할에 대한 혐오감은 사춘기 때 더욱 적극적으로 표현되기도 한다. 예컨대 여자아이가 더욱 남자아이의 행동 방식을 흉내 내려고 하는 것이다. 특히 흡연, 음주, 욕설, 갱단 가담 등 남자들의 나쁜 행동을 흉내 내고, 성적인 자유를 과시하려 든다. 이런 행동을 하지 않으면 남자아이들이 관심을 보이지 않을 것이라고 생각하기 때문이다.

여성의 역할에 대한 혐오감이 더욱 깊어지면 성적 일탈(동성애, 이상 성욕 등)이나 매춘 행각을 보이기도 한다. 모든 매춘 여성은 어린 시절부터 아무도 자신을 좋아하지 않는다고 믿어 왔다. 자신은 저급하고 열등한 역할을 맡도록 태어났으며, 어떤 남자로부터도 진정한 애정이나 관심을 받지 못할 것이라고 믿는다. 이를 통해 우리는 어떻게 매춘 여성들이 자신의 성적인 역할을 비하하며 그것을 한낱 돈벌이 수단으로 간주하게 되었는가를 이해할 수 있다.

여성의 역할에 대한 혐오감은 사춘기 때 시작되는 것이 아니다. 아주 어린 시절부터 여성이라는 사실을 싫어한 것이다. 다만 어린 시절에는 혐오감을 표출할 필요나 기회가 없었을 뿐이다.

소녀들만이 '남성적 저항'으로 고통받는 것은 아니다. 남성이라는 사실의 중요성을 과대평가하는 아이들은 남성성(masculinity)을 하나의 이상으로 간주하면서 자기가 그 이상에 도달할 만큼 강한 사람인지 의구심을 가진다. 남자다움을 강조하는 문화는 소녀들뿐만 아니라 소년들에게도 어려움을 안겨 주는 것이다.

이런 어려움은 특히 자신의 성적 정체성에 관해 전적으로 확신하지 못하는 아이들의 경우에 더욱 심하다. 꽤 많은 어린이가 언젠가는 자신의 성별이 바뀔 수도 있다고 생각하는 것이다. 따라서 생후 두 살 때부터 자신이 남자인지 여자인지를 분명히 알려 주는 것이 중요하다.

특히 소녀 같은 외모를 지닌 남자아이는 힘든 시간을 보내는 경우가 많다. 많은 사람이 그 아이를 여자아이로 착각한다. 부모의 친구들은 심지어 "너는 여자로 태어났어야 하는데."라고 말하기도 한다. 이런 남자아이들은 자신의 여성적인 외모를 부적합성의 징후로 보거나 사랑과 결혼 문제를 가혹한 시련으로 간주할 가능성이 농후하다.

성적인 역할을 훌륭하게 해낼 수 있을지 확신이 없는 소년들은 사춘기가 되면 여자아이를 모방하려고 한다. 이런 소년들은 응석받이로 자란 여자아이들의 나쁜 점도 흉내 낸다. 허영심을 드러내고 교태를 부리며 변덕스러운 행동 방식을 보이기도 한다.

9. 영아기에도 성 충동을 느낀다?

인간이 이성을 대하는 태도는 네 살에서 다섯 살 사이에 뿌리를 내린다. 인간의 성 충동은 영아기 때 이미 드러난다. 하지만 성 충동이 적절하게 표현될 출구가 생기기 전에는 그것을 자극하는 어떠한 행위도 해서는 안 된다. 성 충동은 자극을 받지 않아도 자연스럽게 표출되므로 부모들도 놀랄 필요가 없다. 아기가 자기 몸을 더듬고 때로 성기를 만지작거린다 해도 걱정할 필요가 없는 것이다. 하지만 부모는 아기가 자신의 몸에 대한 관심을 줄이고 주변 환경에 대한 관심을 늘리도록 유도해야 한다.

좀 더 자란 아이가 성기를 만지는 등 자기만족을 위한 행동을 멈추지 않는다면 다른 관점에서 생각해 봐야 한다. 이런 경우에는 독자적인 의도가 있는 것이다. 즉 그 아이는 성 충동의 희생자가 아니라 어떤 목적을 위해 그것을 이용하는 것이다.

어린이들의 목적은 대부분 주목을 받는 것이다. 어린이들은 부모가 걱정하거나 두려워하면 이를 감지하며, 그런 부모의 감정을 어떻게 이용할 수 있는지 안다. 따라서 어린이들은 자신들의 습관적 행위가 부모의 관심을 끌지 못하면 그 행위를 포기할 것이다.

어린이의 몸을 만질 때는 주의해야 한다. 물론 부모와 어린 자녀가 다정하게 껴안고 입을 맞추는 것은 잘못된 행동이 아니다. 다만 어린이의 육체적 반응을 부적절하게 자극하는 행동은 피해야 한다. 어린이를 정신적으로 자극하는 일도 삼가야 한다.

나를 찾아온 어린이들이 자주 하는 이야기가 있다. 부모의 서재에서 선정적인 책을 발견했을 때나 포르노 영화를 보았을 때 묘한 감정을 느꼈다는 것이다. 성인들의 어린 시절 기억에도 그런 상황이 자주 나온다. 이런 책이나 영화로부터 어린이들을 보호해야 한다. 어린이들을 성적으로 자극하지 않으면 많은 어려움을 피할 수 있다.

앞서 언급한 바 있는 또 다른 형태의 자극도 있다. 어린이들에게 전혀 필요하지 않고 적절하지도 않은 성에 관한 정보를 너무 당연하다는 듯이 제공하는 일이다. 많은 어른이 어린이 성교육에 지나칠 정도로 열성을 보인다. 어른들은 어린이가 성에 무지한 채로 성장하는 것을 끔찍하게 걱정한다. 하지만 우리 자신과 타인들의 성장 과정을 살펴보면 그들이 우려하는 재앙은 일어난 적이 없다.

어린이들 스스로 호기심을 느끼고 성에 관해 알고 싶어 할 때까지 기다리는 것이 훨씬 낫다. 세심한 부모라면 자녀들이 말로 표현하지 않아도 그들의 호기심을 감지할 수 있다. 자녀들이 평소에 부모와 우호적인 관계를 맺고 있다면 성에 관해 궁금한 사항을 물어볼 것이다. 이럴 때 부모는 자녀들이 충분히 이해할 수 있도록 답변해 주어야 한다.

부모는 자녀들 앞에서 육체적 애정 표현을 지나치게 하는 것도 삼가야 한다. 어린이들은 부모와 같은 침실을 사용하지 않는 게 바람직하다. 같은 침대에서 자는 것은 더더욱 피해야 한다. 여자아이가 오빠나 남동생과 같은 침실을 쓰는 것도 바람직하지 않다. 부모는 자녀의 발달 상태를 세심하게 관찰해야 하며, 이에 대해 자신을 기만해서는 안 된다. 만약 부모가 자녀들의 성격과 발달 상태를 파악하지 못한다면 자녀들이 어떤 영향을 받고 있는지 알 수 없을 것이다.

10. 유령처럼 다가오는 사춘기를 위해

사람들은 인간 발달상의 특정한 단계에 각별한 의미를 부여하고, 그 단계가 결정적인 인생 전환점이라도 되는 듯이 생각한다. 대다수 사람은 사춘기가 매우 특별하고 기묘한 시기라고 믿는다. 갱년기 혹은 폐경기도 마찬가지다.

하지만 인생의 이런 단계에 급격한 변화가 일어나지는 않는다. 이 단계들은 그저 삶의 연장선상에서 특정한 국면들일 뿐이다. 따라서 그 시기의 현상들이 결정적으로 중요한 것은 아니다. 오히려 개인들이 그런 국면에서 무엇을 기대하느냐가 중요하다. 개인들이 그 국면에 부여하는 의미, 그리고 그 국면에 대응하기 위해 스스로 훈련하는 방식이 중요한 것이다.

어린이들은 흔히 사춘기의 출현에 놀라워하고, 마치 유령이라도 만난

듯이 행동한다. 우리가 사춘기 청소년들의 이런 반응을 제대로 이해한다면, 그들이 실은 사춘기의 여러 신체적 변화에 대해 전혀 걱정하지 않는다 — 사회적 조건이 청소년들의 생활 양식에 새로운 적응을 요구하는 경우는 예외다 — 는 것을 알 수 있다.

가장 문제가 되는 것은 사춘기 청소년들이 세상의 종말이라도 온 듯이 생각하고, 자신들의 모든 가치와 유용성을 잃어버렸다고 믿는다는 점이다. 청소년들은 아무도 자신들을 원하지 않기 때문에 타인들과 협력할 수 없고 사회에 공헌할 자격도 없다고 단정해 버린다. 사춘기의 모든 어려움은 바로 이런 감정과 사고방식에서 비롯된다.

청소년들이 자신을 사회의 평등한 구성원으로 간주하고 공동체에 이바지한다는 과제를 이해하도록 훈련받았다면, 특히 이성을 대등한 동료로 여기도록 훈련받았다면, 그들에게 사춘기는 각종 문제에 대해 창의적이고 독립적인 해결책을 고안하도록 기회를 제공하는 시기가 될 것이다.

하지만 청소년들이 열등감을 느끼고 잘못된 상황 인식으로 고통받고 있다면 사춘기의 자유를 누릴 만한 준비가 제대로 되어 있지 않은 것이다. 이런 청소년들은 누군가가 곁에서 필요한 일을 하도록 지시해 주면 그 일을 완수할 수 있다. 하지만 홀로 남겨져서 모든 일을 스스로 해결해야 하면 주저하거나 실패하게 된다. 이런 아이들은 노예 제도에는 잘 적응하겠지만 자유 속에서는 어찌할 바를 모르고 방황한다.

🎬 아들러의 Key Sentence

"사춘기에 저지르는 실수 대부분은 어린 시절에 응석받이로 성장한
데 그 원인이 있다. 원하는 모든 것을 부모로부터 받는 데 익숙해진
청소년들은 어른의 책무를 직접 담당해야 하는 상황이 오면 극도의
스트레스를 받을 수밖에 없다."

"외향성과 활동성이 비교적 약한 청소년들이 쉽게 선택하는 현실 도
피 수단은 신경증이다. …… 신경증의 모든 증상은 우월감을 훼손하
지 않은 채 인생 과제를 거부할 명분을 확보하기 위해 고안된 것이다."

"사춘기의 청소년들은 성인임을 증명하고 싶은 마음에서 자신의 성
생활을 과대평가하고 과장하는 경향이 있다. 예를 들어 어떤 여자아
이가 부모와 자주 다투면서 자신이 늘 억압받고 있다고 믿는다면 반
항의 표시로 문란한 성관계를 맺을 수도 있다."

"남성이라는 사실의 중요성을 과대평가하는 아이들은 남성성
(masculinity)을 하나의 이상으로 간주하면서 자기가 그 이상에 도
달할 만큼 강한 사람인지 의구심을 가진다. 남자다움을 강조하는 문
화는 소녀들뿐만 아니라 소년들에게도 어려움을 안겨 주는 것이다."

PART 3

어린 시절에 무슨 일을 겪었나요

Crime and Its Prevention

범죄 심리의 이해

Co-operation is something that must be taught.
협동은 배워야만 실행할 수 있다.

문제 아동, 신경증 환자, 정신 장애인, 알코올 의존증자, 이상 성욕자 등은 인생의 문제를 해결하는 데 어려움을 겪는 사람들이다. 이들은 자신에게 주어진 과제를 제대로 수행하지 못하고, 사회 적응에도 어려움을 보인다. 아들러는 이들을 포함한 인생의 실패자들에게 사회적 관심과 공동체감이 결핍되어 있음을 발견했다. 아들러는 사회적 관심과 공동체감을 '개인과 사회를 건강하게 하고 유익하게 하는 최고의 보물'이라고 했다.

우리나라에서는 사회적 관심과 공동체감을 가치 있게 생각하지 않는다. 자녀의 좋은 성적과 대학 입학을 위해 과다한 비용을 투자하는 부모는 많지만, 자녀의 인성과 협력 능력, 공동체감을 높이려고 투자하거나 노력하는 부모는 거의 찾아보기 어려운 것이 우리의 현실이다.

아들러 말대로라면 인생의 위기와 고비, 어려움을 해결할 수 있는 가장 효과적이고 강력한 무기는 협력 능력과 공동체감이다. 인생에 실패한 사람 중에는 공동체감 대신 폭력, 눈물, 분노 등을 이용해 원하는 바를 얻고 누리는 사람이 있다. 이런 방법으로 자신이 승리했다고 생각할 수도 있다. 하지만 그들의 삶은 피폐해질 수밖에 없다. 이런 생활 양식을 지닌 자와 함께 편안하게 살 수 있는 사람은 없다.

아들러는 인생의 실패자 중에서 범죄자의 문제를 다루었다. 그가 범죄자를 선정한 것은 다른 질환이나 문제보다 범죄자가 사회에 더 큰 악영향을 미치기 때문일 것이다. 이 장에서 설명한 내용은 정도의 차이는 있으나, 범죄자는 물론 인생의 실패자에게서 공통으로 보이는 심리적 기제라고 생각해도 될 것이다.

범죄자의 삶의 목표도 우월 추구다. 이 우월성은 보편적이고 많은 사람이 인정하는 것이 아니라 사적이고 개인적 의미를 지닌다. 타인에게 아무런 이바지를 하지 않고 단지 자신의 욕구만을 충족시키려는 것이다. 범죄자의 굶주린 열등감은 '영웅'이 되고자 하는 허구적 목적을 세우게 한다. 이들은 남을 속이고도 발각되지 않으면 자신이 유능해서 그렇다고 착각하고, 자신을 '영웅'이라고 믿는다. 아들러는 이러한 범죄자의 행동을 자기기만과 자기도취에 빠진 행동이라고 했다. 범죄자는 초범, 재범, 삼범을 할수록 치밀하고 교묘해지는 범죄 수법으로 더 우월감을 느낀다. 허영심과 자만심도 더욱 커진다. 아들러는 이들이 가진 착각과 허풍을 제거하는 것이 중요하다고 했다.

범죄자 역시 사랑과 우정이 존재한다는 사실은 안다. 하지만 이들은 타인에 대한 불신과 적대감이 크다. 범죄자를 치유하기 위해서는 잘못된 인식을 바로 잡아 주어야 한다. 언제부터 빗나가게 되었는지를 파악해 초기의 잘못된 생활 양식을 교정해 주어야 한다. 그러기 위해서는 이들의 협력을 이끌어 내야 하고, 이들의 관심을 인류 복지 쪽으로 돌려야 한다. 결코 쉬운 일이 아니다. 하지만 아들러는 협력하는 것만이 인성 문제를 해결하고, 범죄자를 교화시키는 방법이라고 강조했다.

1. 범죄자는 다른 부류의 인간이 아니다

우리는 개인 심리학의 도움으로 인간의 다양한 유형을 알 수 있다. 또한 이런 다양성에도 인간은 서로 크게 다르지 않다는 사실을 이해할 수 있다. 예를 들어 범죄자의 행동에서 보이는 실패 사례들은 문제 아동, 신경증 환자, 정신 장애인, 자살자, 알코올 의존증자, 이상 성욕자 등에게서도 똑같이 나타난다. 이들은 모두 인생의 여러 문제에 접근하는 방식에서 실패하고 있다.

이런 사람들은 분명하고 주목할 만한 분야에서 같은 방식으로 실패하고 있다. 즉 사회적 관심에 제대로 적응하지 못하는 것이다. 그들은 동료 인간들에게 우호적인 관심이 없다.

이렇게 보더라도 범죄자를 다른 사람들과 완전히 다른 부류의 인간이라고 규정하기는 힘들다. 어떤 인간도 완벽한 협동이나 사회적 감정을 보여 주지는 못하기 때문이다. 범죄자는 실패의 심각성이라는 면에서만 일반인들과 다를 뿐이다.

모든 인간은 우월을 추구한다

범죄자를 이해하기 위해서는 한 가지 중요한 점을 알아야 한다. 모든 사람들은 어려움을 극복하고 싶어 한다는 사실이다. 이 점에서는 범죄자도 다른 사람들과 똑같다. 모든 인간은 자신을 강하고 타인보다 우월하며 완벽한 존재라고 느끼는 데 도움이 되는 목표를 달성하기 위해 노력한다.

미국의 철학자이자 교육자인 존 듀이(John Dewey, 1859~1952년)

는 이러한 성향을 '안전에 대한 욕구(striving for security)'라고 규정했다. 이는 매우 적합한 표현이다. 이를 '자기 보존의 욕구(striving for self-preservation)'라고 명명한 학자들도 있다.

어떤 명칭을 붙이든 간에 우리는 모든 인간의 인생을 관통해 흐르는 이 지배적인 주제를 언제든지 발견할 수 있다. 그것은 열등한 지위에서 우월한 지위로, 패배에서 승리로, 낮은 곳에서 높은 곳으로 올라가려는 투쟁적 노력이다. 이런 노력은 아주 어린 시절부터 시작되어 생을 마감할 때까지 계속된다. 인간의 삶이란 각종 장애물을 넘고 온갖 역경을 극복하며 존재를 이어 가는 활동이다. 그러므로 범죄자가 이와 똑같은 철학을 지니고 있다고 해서 놀랄 것은 전혀 없다.

범죄자들은 타인보다 우월해지고 문제들을 해결하기 위해 분투하는 모습을 보인다. 범죄자가 일반인과 다른 점은 그렇게 노력하고 있다는 사실 자체가 아니라 노력이 선택한 방향이다. 범죄자들이 잘못된 방향을 선택한 이유는 그들이 사회생활의 요구 사항들을 올바르게 이해하지 못했고, 다른 인간들에게 관심이 없기 때문이다. 이렇게 본다면 범죄자들의 행동이 나름대로 일관성이 있다는 점도 이해할 수 있다.

모든 범죄는 환경과 유전 탓일까?

나는 위에서 말한 내용을 몇 번이나 강조하고 싶다. 어떤 사람들은 범죄자를 인간의 표준에서 벗어난 별종, 즉 보통 사람들과는 전혀 다른 존재로 간주하기 때문이다. 일부 과학자는 모든 범죄자를 정신 장애인이라고 주장한다. 유전적 요인을 강조하는 과학자들도 있다. 범죄자는 선천적으로 사악하므로 범죄를 저지를 수밖에 없다고 믿는 것이다. "한 번 범죄자는 영원한 범죄자!"라고 외치는 사람들도 있다.

오늘날에는 이 모든 견해를 반박할 수 있는 증거들이 무수히 나오고 있다. 더욱 중요한 점은 만약 우리가 앞서 언급한 과학자들의 견해를 받아들인다면 범죄 문제를 해결할 가능성이 사라진다는 것이다. 우리는 가능한 한 빨리 인류 전체의 재앙인 각종 범죄를 종식하고자 한다. 범죄는 늘 인류 역사에 엄청난 불행을 안겨 주었다. 범죄를 예방하고 종식하려면 "범죄는 모두 유전 탓이다. 우리가 할 수 있는 것은 별로 없다."라는 방관자적인 태도를 보여서는 안 된다.

우리의 환경이나 유전 속에는 강제(compulsion)가 없다. 한 가정에서 태어난 아이들이 완전히 다른 방식으로 발달하기도 하고, 같은 환경에서 사는 아이들이 전혀 다른 방식으로 성장하기도 한다. 흠잡을 데 없는 명문 집안에서 범죄자가 나오기도 하고, 일부 가족이 교도소나 감화원을 들락거리는 집안에서도 행실이 올바른 어린이가 있다. 더욱이 일부 범죄자는 새 삶을 얻어 올바르게 살아가기도 한다. 범죄 심리학자들은 절도범들이 서른 살쯤 되어서 마음을 고쳐먹고 선량한 시민이 되는 경우를 설명하느라 종종 어려움을 겪는다. 범죄 성향이 선천적인 결함이거나 어린 시절의 환경 속에 확고하게 뿌리내린 것이라면 위 같은 경우는 이해하기 어려울 것이다.

하지만 개인 심리학의 관점에서는 그런 변화를 이해하는 데 아무런 어려움이 없다. 어쩌면 그 범죄자들은 나중에 비교적 우호적인 환경에 처하게 되었을지도 모른다. 즉 그들에 대한 사회적인 요구가 줄어들고, 생활 양식상의 오류가 더는 표면으로 올라오지 않았을 수도 있다. 아니면 범죄를 통해 원했던 모든 것을 이미 얻어서 더는 범죄를 저지를 필요가 없어진 것일 수도 있다. 나이가 들고 뚱뚱해져서 범죄를 또 저지르기가 어려워졌는지도 모를 일이다.

나는 논의를 더 진행하기 전에 모든 범죄자는 정신 이상자라는 생각을 배제하고자 한다. 물론 정신 이상자들도 범죄를 저지른다. 하지만 정신 이상자들의 범죄는 본질적으로 종류가 다르다. 우리는 그들에게 범죄의 책임을 물을 수 없다. 정신 이상자들의 범죄는 전적으로 우리가 그들을 이해하지 못한 데서 비롯된 것이고, 그들을 다루는 방법이 잘못된 결과이기 때문이다.

마찬가지로 지적 장애인들의 범죄도 제외해야 한다. 지적 장애인들은 범죄를 계획한 진짜 범죄자들의 단순한 도구로 이용되기 때문이다. 지적 장애인들은 대개 생각이 단순하다. 진짜 범죄자들은 속기 쉬운 지적 장애인들을 앞세워 범행을 저지르고 처벌의 위험마저 떠안게 한다. 나이가 많고 경험이 풍부한 범죄자들에게 이용당하는 청소년들의 경우도 마찬가지다. 범행을 계획하는 것은 노련한 범죄자들이고, 청소년들은 그들의 속임수에 넘어가 범행에 나서는 것이다.

이제 앞서 언급한 주제로 되돌아가 보자. 모든 범죄자는 ― 그리고 다른 모든 인간은 ― 승리를 얻거나 우월한 지위에 도달하기 위해 노력한다. 하지만 이런 목표의 세부적인 내용은 서로 다르고 다양하다. 범죄자가 목표로 삼는 우월성은 사적이고 개인적인 의미에서의 우월성이다. 그들이 추구하는 목표는 다른 사람들에게 아무런 이바지도 하지 못한다. 범죄자들은 협동적인 인간이 아니다.

사회의 모든 구성원은 공동 이익을 위해 이바지해야 한다. 하지만 범죄자의 목표에는 이 같은 사회 공헌의 요소가 포함되어 있지 않다. 사실

이것은 모든 범죄 경력에서 드러나는 의미심장한 특징이다. 어떻게 이런 일이 발생하는지는 나중에 살펴볼 것이다. 범죄자들을 이해하고 싶다면 그들이 협동에서 실패하는 정도와 원인을 찾는 데 주력해야 한다.

범죄자들은 협동 능력에서 차이를 보인다. 일부 범죄자는 협동에서 실패하는 정도가 덜 심각하다. 이들은 사소한 범죄만 저지르며 그 한계를 넘지 않는다. 어떤 범죄자들은 큰 범죄를 선호한다. 일부는 지도자가 되고 일부는 추종자가 된다. 범죄 경력의 다양성을 이해하기 위해서는 개개인의 생활 양식을 조사해 봐야 한다.

타인에 대한 관심이 전혀 없는 사람들

생활 양식의 주된 특징은 네 살에서 다섯 살 때 이미 드러난다. 그런 만큼 개인의 생활 양식을 바꾸는 것은 쉬운 일이 아니다. 생활 양식은 형성 과정에서 생긴 잘못들을 인식하고 인정해야만 바뀔 수 있다.

그러므로 우리는 왜 많은 범죄자가 여러 차례 처벌을 받고 모든 사회적 혜택을 박탈당하면서도 또 범죄를 저지르는지 이해할 수 있다.

사람들을 범죄의 길로 몰아넣는 것은 경제적 곤경이 아니다. 물론 경기가 안 좋고 사람들이 돈에 쪼들리면 범죄가 증가한다. 통계를 보면 범죄 발생 건수가 곡물 가격의 인상에 비례해 늘어나는 경우가 있다. 하지만 경제 상황이 범죄를 일으킨다는 확실한 증거는 없다. 불경기는 단지 많은 사람이 행동에 제약을 받고 있다는 신호이다.

사람들의 협동 능력에는 한계가 있다. 그 한계에 도달하면 사람들은 더는 사회에 공헌할 수 없다. 마지막으로 남아 있는 협동 능력마저 잃어버린 사람은 범죄에 의존하게 된다. 우호적인 상황에서는 범죄를 저지르지 않지만, 감당할 수 없는 문제가 생기면 범죄에 의지하게 되는 것이다. 중요한 점은 사람들이 각종 문제에 어떤 방식으로 대처하느냐는 것과 이런 방식은 사람들의 생활 양식에 달려 있다는 것이다.

개인 심리학의 연구 성과 덕분에 우리는 아주 단순한 사실을 명확히 알 수 있게 되었다. 범죄자들은 타인에게 관심이 없다는 사실이다. 범죄자들은 어느 한도까지만 협력할 뿐이다. 그 한도를 넘어서면 범죄 쪽으로 돌아선다. 마지막 한도는 도저히 감당할 수 없는 문제가 발생했을 때 다가온다.

우리 모두가 직면할 수밖에 없지만 범죄자들은 결코 해결할 수 없는 보편적인 문제들을 고찰하는 것은 흥미로운 일이다. 궁극적으로 볼 때 우리의 인생에서 사회적 문제들을 제외하면 아무런 문제도 없는 것 같다. 이런 문제들은 타인에게 관심을 가질 때만 해결할 수 있다.

1장에서 간략하게 살펴보았듯이 개인 심리학에서는 인생의 문제들을 크게 세 종류로 나눈다. 첫째는 다른 사람들과의 관계나 동료 관계의 문제다. 때로는 범죄자들도 친구가 있지만 이는 같은 부류의 사람들일 때 뿐이다. 그들은 범죄 조직을 형성할 수 있고 서로 충성심을 보일 수도 있다. 하지만 범죄자들은 자신들의 활동 영역을 분명히 축소했다. 그들은 사회 전반의 보통 사람들과는 친구가 되지 못한다. 범죄자들은 낯선 나라의 이방인 집단처럼 행동한다.

두 번째 종류의 인생 문제는 직장이나 직업과 관련된 문제들이다. 많은 범죄자는 이 문제에 관해 질문을 받으면 "당신은 이곳의 끔찍한 노동 환경을 모른다."라고 대답한다. 범죄자들은 일하는 것을 좋아하지 않는다. 그들은 일과 관련된 어려움을 해결하려고 노력하는 보통 사람들과 다르다.

'사회에 유익한 직업'이라는 개념에는 타인에 대한 관심과 복리에 대한 기여가 내포되어 있다. 범죄자의 사고방식에는 바로 이 점이 빠져 있다. 협동 정신의 결핍은 어린 시절부터 나타나며, 그 결과로 대부분 범죄자는 직업 문제에 대처할 준비가 되어 있지 않은 것이다. 대다수 범죄자는 훈련되지 않고 숙련되지 않은 노동자에 비유할 수 있다.

범죄자들의 과거를 살펴보면 학창 시절뿐만 아니라 취학 전 시기에도 타인에 대한 관심이나 협력 의지를 전혀 보이지 않았다. 협동은 배워야만 실행할 수 있다. 하지만 범죄자들은 협동을 배운 적이 없다. 그러므로 범죄자들이 직업 문제에 대처하지 못한다고 해서 그들에게만 책임을 물을 수는 없다. 지리 과목을 배운 적이 없는 사람에게 지리 시험을 치르도록 하는 것과 마찬가지기 때문이다.

세 번째 종류의 인생 문제에는 사랑과 관련한 모든 문제가 포함된다. 유익하고 좋은 애정 관계를 위해서는 상대방에 대한 관심과 협동이 필요하다. 범법자들의 절반이 교도소에 들어갈 때 이미 성병에 걸려 있었다는 사실은 시사하는 바가 크다. 이것은 범법자들이 사랑의 문제로부터 도망치기 위해 쉬운 길을 택했음을 보여 준다.

흔히 범죄자들은 애정 관계의 상대방을 소유물로 간주하고, 사랑을 돈으로 살 수 있다고 생각한다. 이런 사람들에게 성관계는 정복과 획득의 문제일 뿐이다. 범죄자들은 성관계를 애정 관계의 일부로 보는 것이 아니라 타인을 소유하는 데 필요한 수단으로 간주한다. 많은 범죄자가 이렇게 말한다. "내가 원하는 것을 모두 가질 수 없다면 도대체 인생에 무슨 소용이 있는가?"

2. 격리 대신 협동 훈련을

범죄자의 교화는 어디에서부터 시작해야 할까? 먼저 범죄자들을 협조적인 사람이 되도록 훈련해야 한다. 그들을 단순히 교도소에 가두어 놓아서는 안 된다. 하지만 범죄자들을 자유롭게 풀어 주는 것은 사회를 위태롭게 만든다. 현재 여건상 이런 방법은 고려의 대상조차 안 된다. 사회는 범죄자들로부터 반드시 보호되어야 한다.

하지만 사회로부터의 격리만으로 범죄의 모든 문제가 해결되는 것은 아니다. 우리가 생각해야 할 점이 더 있다. "범죄자들은 사회생활을 위한 준비가 되어 있지 않다. 그들을 돕기 위해 우리가 할 수 있는 일은 무엇인가?"

협동은 일상생활의 모든 순간에서 필요하다. 협동 능력은 인간이 보고 듣고 말하는 방식에서 저절로 드러난다. 내 관찰이 맞았다면 **범죄자들이 보고 듣고 말하는 방식은 일반인들과 다르다.** 그들의 지적 발달은 이런 차이 때문에 방해를 받을 가능성이 크다.

다른 사람들을 이해한다는 것은 하나의 사회적 기능이다. 우리는 단어들에 공통적인 의미와 해석을 부여한다. 그래서 다른 사람들이 이해하는 것과 같은 의미와 방식으로 그 단어들을 이해한다. 하지만 범죄자들은 다르다. 그들은 사적인 논리와 사적인 사고방식을 지니고 있다.

이러한 점은 범죄자들이 자신의 범죄를 설명하는 방식에서 관찰할 수 있다. 범죄자들은 어리석지도 않고 정신적 장애가 있는 것도 아니다. 만약 우리가 개인적인 우월성을 증명하겠다는 범죄자들의 허구적 목표를 인정한다면, 그들이 나름의 논리 체계 속에서 상당히 합리적인 결론을 이끌어 낸다는 것을 알 수 있다.

한 범죄자가 이렇게 말했다고 하자. "나는 멋있는 바지를 입고 있는 남자를 보았다. 내게는 그런 멋진 바지가 없다. 그래서 나는 그를 죽이지 않을 수 없었다." 일단 범죄자의 논리와 신념을 인정해 보자. 범죄자에게는 자신의 욕망을 충족시키는 것이 무엇보다 중요하다. 게다가 그는 사회에 유익한 방법으로 생활비를 벌 필요성을 못 느낀다. 그렇다면 그의 결론과 행동은 충분히 합리적이다. 물론 이렇게 따져 본다 해도 상식에는 전혀 맞지 않는다.

헝가리에서 다수의 여성이 여러 명을 독살한 혐의로 기소되어 재판을 받은 일이 있었다. 그들 중 한 여성은 교도소로 이송될 때 이렇게 말했다. "내 아들은 병에 걸린 데다가 일을 하지 않고 빈둥거리기만 했다. 나는 아들에게 독약을 먹일 수밖에 없었다." 인간관계에서 협동을 배제해 버린 여성에게 달리 무슨 할 일이 남아 있을까? 그녀가 세상을 바라보는 방식이나 인생관은 일반인들과 다르다.

이런 사례들을 통해 우리는 범죄자들이 적대적인 세상 — 그들이 전혀 관심을 두고 있지 않은 세상 — 으로부터 멋진 물건을 빼앗아야 한다고 결심하게 되는 경위를 이해할 수 있다. 범죄자들은 잘못된 인생관, 자신과 타인의 중요성에 대한 잘못된 평가 때문에 고통받는다.

3. 무엇이 협동 정신에 영향을 주나
모든 범죄자는 겁쟁이다

범죄자들은 해결할 자신감이 없는 문제들을 회피한다. 그들은 인생을 직면하는 방식뿐만 아니라 범행을 저지르는 방식에서도 비겁함을 보인다. 범죄자들은 어둡고 외진 곳에 숨어 있다가 피해자를 기습한다. 그러고는 상대방이 방어할 준비도 하기 전에 무기를 뽑아 든다. 그들은 자신을 용감하다고 생각하지만, 이런 생각에 공감할 정도로 어리석은 사람은 없다. <u>범죄는 겁쟁이들이 영웅적인 행동을 흉내 내는 짓에 불과하다.</u>

범죄자들은 개인적 우월성이라는 허구적 목표를 달성하려고 노력하면서 자신을 영웅이라고 믿고 싶어 한다. 하지만 이것 역시 착각에서 비롯한 인생관일 뿐이며 상식의 결핍을 보여 준다. 우리는 범죄자들이 겁쟁이라는 것을 알고 있다. 범죄자들이 이 사실을 알게 된다면 큰 충격을 받을 것이다. 그들은 자신이 경찰보다 영리하다고 생각한다. 이러한 생각은 범죄자들의 허영심과 자부심을 부풀린다. 그들은 "경찰은 절대로 나를 잡지 못할 것이다."라고 생각하는 경우가 많다.

불행한 일이지만 모든 범죄자의 경력을 조사해 보면 범행을 저지르고도 발각되지 않은 경우가 있다. 이는 매우 유감스러운 현실이다. 범죄자들은 자신의 범행이 적발되면 "이번에는 영리하게 처리하지 못했지만, 다음번에는 경찰을 따돌릴 수 있다."라고 생각한다. 그들은 범행에 성공하면 목표를 달성했다고 생각한다. 범죄자들은 용감하고 영리하다는 그들의 착각을 없애는 것이 중요하다. 이런 노력은 어디에서부터 시작해야 할까? 가정, 학교, 또는 소년원에서 시작할 수 있다.

가정 환경과 학교생활의 영향

때로는 부모에게 책임이 있는 경우가 있다. 부모가 자녀의 협력을 이끌어 내는 데 능숙하지 않았을지도 모른다. 부모가 자신들은 매우 완벽하기 때문에 누구도 자신들을 도울 수 없다는 듯이 행동했을 수도 있고, 부모 스스로가 협동할 능력이 없었는지도 모른다. 결혼 생활이 불행하거나 파괴된 가정에서는 협동 정신이 올바르게 발달하기 힘들다. 어린아이가 최초로 유대감을 느끼는 것은 어머니와의 관계에서다. 그런데 어머니는 아이의 사회적 관심이 아버지나 다른 아이들 혹은 다른 어른들에게까지 확대되는 것을 원하지 않을 수도 있다.

어린이들은 자신이 가족의 중심이라고 느낄지도 모른다. 그래서 서너 살쯤 되었을 때 동생이 태어나면 좌절감을 느끼는 것이다. 자신의 지위에서 쫓겨난 아이들은 어머니나 동생과의 협조를 거부한다.

우리는 위와 같은 요인들을 모두 고려해야 한다. 범죄자들의 생애를 거슬러 올라가 보면, 거의 모든 문제가 어린 시절의 가정생활 경험에서 시작된 것을 알 수 있다. 중요한 것은 환경 그 자체가 아니었다. 범죄자들은 어린 시절의 가정 환경을 잘못 이해했고, 이런 오해를 풀어 줄 사람도 없었다.

형제 중에 한 아이가 특별히 뛰어나고 재능이 많으면 나머지 아이들은 늘 어려움을 겪는다. 재능이 뛰어난 아이는 많은 관심과 애정을 받고 다른 아이들은 좌절감을 느낀다. 낙심한 아이들은 협력하지 않는다. 그들은 경쟁하고 싶어 하지만 그럴 만한 자신감이 부족하다. 이런 식으로 그늘에 가려지고 자신의 능력을 발휘할 기회를 얻지 못한 아이들이 불행하게 성장한다. 이런 사람들 가운데 범죄자나 신경증 환자, 혹은 자살자가 있을지도 모른다.

협동 능력이 없는 어린이들이 취학하게 되면 등교 첫날부터 결점이 나타날 수도 있다. 이런 아이들은 선생님을 좋아하지 않고, 다른 아이들과 친하게 어울리지 못한다. 그들은 주의가 산만하고 수업에 집중하지 못한다. 이런 아이들은 세심한 배려와 이해심으로 대해 주지 않으면 새로운 좌절감으로 고생할 수도 있다.

하지만 그들은 대부분 격려를 받거나 협동을 배우는 대신 꾸중을 듣거나 야단을 맞는다. 이런 아이들은 수업 시간을 더욱 싫어하게 된다. 매일 용기와 자신감에 새로운 타격을 입는다면 결코 학교생활에 흥미를 느낄 수가 없다.

범죄자들의 생애에서 자주 관찰되는 것이 있다. 그들은 열세 살(우리나라의 중학교 1학년 — 역주)부터 열등반으로 편성되었으며 멍청하다는 핀잔을 자주 들었다는 사실이다. 이런 경험은 그들의 나머지 인생을 위험에 빠뜨린다. 그들은 점점 더 타인에 대한 관심을 잃어버린다. 삶의 목표도 바람직하지 않거나 심지어 반사회적인 방향으로 치우치게 된다.

빈부 격차와 박탈감의 영향

가난도 삶에 대해 그릇된 해석을 하는 계기를 제공한다. 빈곤층 아이들은 집 밖에서 사회적 편견에 부닥친다. 그들의 가정은 박탈감에 시달리고 시련을 겪으면서 슬픔에 젖는다. 아이들은 부모를 돕기 위해 아주 어린 나이부터 돈을 벌러 나가야 할지도 모른다. 빈곤층 아이들은 부자들이 편안한 삶을 즐길 권리를 더 많이 가진 상황을 쉽게 받아들이지 못한다.

범죄자 수는 대도시에 특히 많다. 대도시는 궁핍과 사치의 대조가 가장 극명하게 드러나는 곳이기 때문이다. 시샘과 질투 속에서는 결코 모두에게 유익한 삶의 목표가 나오지 않는다. 이런 상황에 부닥친 아이들은 잘못된 판단을 하기 쉽다. 노력하지 않고 쉽게 돈을 버는 것이 우월성을 획득하는 방법이라고 생각하는 것이다.

신체적 결함의 영향

열등감은 신체적 결함을 중심으로 생길 수도 있다. 이것은 내가 발견한 사실 가운데 하나다. 이 발견으로 신경학과 정신 의학 양쪽에서 유전설이 등장한 토대가 마련되었다. 하지만 나는 기관 열등감(organ inferiority, 신체 결함으로 말미암은 열등감 — 편집자 주)과 정신적 보상에 관한 논문을 집필했던 초기부터 그런 위험성을 인식했다.

열등감은 신체 결함이 아니라 교육 방법 때문에 생긴다. 올바른 교육 방법을 따른다면 신체 결함이 있는 아이들도 자신과 타인에게 관심을 두게 된다. 하지만 타인에 대한 관심을 키워 주는 사람이 곁에 없다면 자기중심적인 성격이 발달할 수밖에 없다.

우리 주변에는 내분비 장애로 고생하는 사람이 많다. 하지만 나는 내분비샘의 기능이 어떠해야만 정상인지에 대해 단정적으로 말할 수 없다는 점을 분명히 하고 싶다. 내분비샘의 기능은 인간의 성격에 피해를 주지 않으면서도 매우 다양하게 변할 수 있다. 따라서 이 요인은 제외해야 한다. 특히 어린이들을 타인에 대해 협조적 관심을 지닌 훌륭한 시민으로 교육하기 위한 올바른 방법을 찾고자 한다면 말이다.

출생 환경과 용모의 영향

범죄자 중에는 고아 출신이 상당히 많다. 이런 사실은 고아들에게 협동 정신을 불어넣어 주지 못한 우리 문화에 대한 엄중한 고발이라고 생각한다. 또한 범죄자 중에는 사생아 출신도 많다. 사생아 주변에는 서로 애정을 주고받고, 그 애정을 타인에게 전달하도록 도와주는 사람이 거의 없다. '원치 않은 아이'들은 범죄의 길로 빠지기 쉽다. 특히 그들이 아무도 자신들의 출생을 원하지 않았다는 사실을 알거나 느끼게 될 때 많이 발생한다.

범죄자 중에는 매력적이지 않은 용모를 지닌 사람이 많다. 이 사실은 유전의 중요성을 강조하는 증거로 사용되었다. 하지만 자신이 못생긴 아이라는 느낌이 어떠할지를 생각해 보라! 이런 아이들은 사회적으로 매우 불리한 처지에 놓인다. 이들 중에는 혼혈아도 있다. 혼혈아들은 사회적 편견에 시달리기도 한다. 어쨌든 못생긴 용모는 평생 무거운 짐이 된다. 하지만 못생긴 아이들도 올바른 방법으로 대우해 준다면 사회적 감정을 발달시킬 수 있다.

범죄자 중에는 이따금 뛰어나게 잘생긴 사람이 있어 흥미를 유발한다. 신체상 매력적이지 못한 범죄자들은 나쁜 유전적 특질 — 예컨대 기형적인 손이나 언청이 같은 외형적인 신체적 결함 — 의 희생자로 치부할 수도 있겠지만, 잘생긴 범죄자는 어떻게 설명할 수 있을까? 잘생긴 범죄자들 역시 사회적 관심을 발달시키기 어려운 환경에서 성장했다. 그들은 응석받이 어린이였던 것이다.

4. 범죄자의 유형과 사례 소개

범죄자는 두 가지 유형으로 나눌 수 있다. 첫 번째 유형은 인간관계에 사랑과 우정이 존재한다는 사실을 알고 있지만 이를 경험해 본 적이 없는 사람들이다. 이런 범죄자들은 타인들에게 적대적인 태도를 보인다. 그들은 자신들이 배제되고 인정받지 못한다고 느낀다.

두 번째 유형은 응석받이로 자란 사람들이다. 교도소 수감자들이 자주 하는 불평이 있다. "내가 전과자가 된 것은 어머니가 나를 지나치게 응석받이로 키웠기 때문이다." 이 점에 관해서는 좀 더 깊이 고찰해 봐야 하지만 지금은 간단히 한 가지만 강조하고자 한다. 범죄자들은 올바른 협동 방식에 관해 훈련받지 못했고, 부모의 협동 방식으로 양육되지도 않았다는 사실이다.

부모가 독재적이고 엄격하면 자녀를 훌륭하게 키울 가능성은 전혀 없다고 봐야 한다. 부모가 자녀의 응석을 다 받아 주고 자녀가 늘 무대 중앙을 차지하도록 허용했다면 어떨까. 이런 자녀들은 타인에게 좋은 평가를 받을 만한 노력을 하지 않으면서 자신들의 존재만으로도 인정받을 수 있다는 착각 속에서 성장한 것이다.

이런 아이들은 끈기 있게 노력하는 능력을 잃어버리게 된다. 응석받이는 항상 다른 사람에게 주목받기를 바라며 늘 무엇인가를 기대한다. 만족감을 얻을 수 있는 쉬운 방법을 찾지 못할 경우, 응석받이는 환경을 탓하거나 다른 사람을 비난한다.

범죄자의 진술과 살인범의 일기

이제부터 몇 가지 사례를 검토하면서 우리의 논점을 명확히 할 수 있는지 살펴보자(참고로 사례에 나오는 범죄자의 진술 내용이 반드시 이런 목적으로 쓰인 것은 아니라는 점을 밝힌다). 첫 번째 사례는 셸던과 엘레노어 T. 글뤽의 저서인 『500가지 범죄 경력(500 Criminal Careers, 1931)』에 소개된 '비정한 존'이다. 이 청년은 범죄의 시작을 이렇게 진술했다.

"나는 제멋대로 살겠다고 생각한 적이 없었다. 열다섯 살이나 열여섯 살 때까지는 나도 다른 아이들과 비슷했다. 운동을 좋아해서 운동부에 가입하고, 도서관에서 책을 빌려다 읽기도 했다. 나름대로 합리적이고 규칙적으로 시간을 보냈다. 그런데 나는 부모님의 강요로 중퇴하고 일을 시작했다. 부모님은 내가 매주 버는 돈 중 50센트만 남기고 몽땅 빼앗아 갔다."

이 청년은 부모를 비난하고 있다. 만약 그에게 부모와의 관계를 물어볼 수 있다면, 또 그의 가족 상황을 공정하게 볼 수 있다면 우리는 그가 '실제로' 무엇을 경험했는지 알 수 있을 것이다. 지금으로서는 그의 부모가 협조적이지 않았다고 이해하는 수밖에 없다.

"나는 대략 1년 정도 일했다. 그러던 중 한 여자와 사귀기 시작했다. 그 여자는 놀고 즐기는 것을 좋아했다."

대다수 범죄자의 경력에서 이런 점을 발견할 수 있다. 범죄자들은 낭비벽이 있고 쾌락을 즐기는 여성에게 애착을 느낀다. 앞서 언급했던 부분을 상기해 보면 이것은 하나의 연구 과제이자 협동 수준을 가늠하는 테스트가 된다. 이 청년은 놀고 즐기는 것을 좋아하는 여자와 사귀고 있는데, 그가 매주 쓸 수 있는 돈은 50센트밖에 안 된다. 이런 상황은 사랑의 문제에 대한 진정한 해결책이라고 보기 어렵다. 한 가지만 지적하자면 그에게는 다른 여자 친구들도 있었다. 그는 올바른 방향으로 나아가고 있는 게 아니었다. 만약 내가 똑같은 상황에 부닥쳤더라면 이렇게 생각했을 것이다. 그녀가 원하는 것이 오로지 놀고 즐기는 것이라면 그녀는 내가 원하는 여성이 아니라고. 이것은 인생에서 중요한 것이 무엇인지에 대한 평가의 문제이자 가치관의 문제다.

"요즘은 이런 후진 동네에서도 일주일에 50센트를 가지고 여자 친구를 즐겁게 해 주는 게 불가능하다. 아버지는 내게 더 많은 돈을 주려고 하지 않았다. 나는 화가 났다. 어떻게 하면 더 많은 돈을 벌 수 있을지에 관한 생각이 머릿속에서 떠나지 않았다."

상식적으로 생각하면 시야를 넓혀 다른 일자리를 찾아보면 될 것이다. 하지만 청년은 돈을 쉽게 버는 방법을 원했다.

"어느 날, 한 남자가 나에게 다가왔다. 나는 그때부터 그와 알고 지냈다." 낯선 사람이 다가온다는 것은 청년에게 또 다른 테스트가 된다. 올바르게 협동할 능력이 있다면 미혹되어 타락의 길로 빠지지 않는다. 하지만 이 청년은 타락의 길에 이미 들어서 있었다.

"그는 머리가 좋고 능력이 있는 도둑이었다. 또 파트너를 속이지 않고 정당한 몫을 나누어 주었다. 우리는 함께 이 도시에서 많은 작업을 했고 붙잡히지도 않았다. 그때부터 줄곧 이렇게 살아왔다."

청년의 아버지는 한 공장에서 팀장으로 근무했다. 그들 가족은 간신히 생계를 유지했다. 청년이 비행을 저지르기 전까지는 가족 중 누구도 범행한 적이 없었다. 유전의 중요성을 강조하는 과학자가 이 사례를 어떻게 설명할지 궁금해진다. 이 청년은 열다섯 살 때 처음으로 여자와 성관계를 가졌다고 시인했다. 하지만 그는 다른 사람들에게 전혀 관심이 없었다. 그가 원하는 것은 오로지 쾌락뿐이었다. 다른 사람도 성관계에 탐닉할 수 있다. 하지만 이 청년은 이런 방식으로 인정받기를 추구했다. 그는 성관계에 있어 영웅이 되고 싶었던 것이다.

이 청년은 열여섯 살에 동료와 함께 무단 침입과 절도 혐의로 체포되기도 했다. 청년의 다른 관심사들이 계속 드러났다. 그는 성공한 사람처럼 보이기를 원했고 여자를 얻기 위해 돈을 썼다. 또 넓은 테두리의 모자를 쓰고 붉은색 네커치프를 두른 후 리볼버 벨트를 허리에 차고 다니면서 서부의 무법자 흉내를 냈다. 그는 허영심이 많은 청년으로 영웅처럼 보이기를 원했다. 하지만 진짜 영웅이 될 수 있는 다른 방법을 알지 못했다. 자신의 모든 범죄 혐의를 순순히 인정하고 '훨씬 더 많은' 범죄를 저질렀다고 과시하기도 했다. 다른 사람들의 소유권을 침해했다는 사실에 대해서는 아무런 양심의 가책도 느끼지 않았다.

"인생은 살 만한 가치가 없다고 생각한다. 나는 인간에 대해 극단적인 경멸감밖에 느끼지 않는다."

청년의 이런 말은 모두 의식적인 생각에서 나온 듯이 보이지만 실은 무의식에서 나온 것이다. 그는 자신의 말이 실제로 의미하는 바를 이해하지 못한다. 그는 인생을 짐이라고 느끼지만 자신이 왜 그토록 좌절감을 느끼는지 이해하지 못한다.

"나는 사람을 믿어서는 안 된다는 것을 배웠다. 흔히 말하기를 도둑들은 서로 속이지 않는다고 하지만 그들도 동료를 속인다. 한 번은 어떤 녀석과 동업하며 공정하게 대우해 주었는데, 그 녀석이 나를 속였다. 내가 원하는 만큼의 돈을 가지고 있다면 나도 다른 사람들처럼 정직해질 것이다. 정상적인 일을 하지 않고도 원하는 것을 마음껏 할 수 있을 만큼 돈이 충분하다면 말이다. 나는 일하는 것을 정말 싫어한다. 절대로 일하지 않을 것이다."

이 진술은 다음과 같이 해석할 수 있다. "내 범죄 경력에 대한 책임은 억압에 있다. 나는 내 욕망을 억압하도록 강요당했다. 그래서 범죄자가 된 것이다." 우리가 심사숙고해 봐야 할 대목이다.

"나는 범행 자체를 즐기기 위해 범죄를 저지른 적은 한 번도 없다. 물론 자동차를 몰고 어떤 장소에 가서 귀중품을 훔친 다음 안전하게 빠져나오는 행위에 어느 정도 '스릴'이 있다는 것은 인정하지만 말이다."

청년은 자신이 영웅이라고 믿었다. 자신의 행동이 비겁하다고 생각하지 않는 것이다.

"언젠가 붙잡힌 적이 있었다. 그때 나는 1만4,000달러 상당의 보석을 가지고 있었는데, 느닷없이 여자 친구를 만나러 가고 싶어졌다. 그래서 그녀를 만나는 데 필요한 비용만큼만 현금으로 바꾸러 갔다가 경찰에 체포된 것이다."

이런 사람들은 돈으로 여자들의 환심을 사고 쉽게 승리를 거둔다. 돈으로 사들인 승리인 것이다. 하지만 그들은 자신의 남성적 매력에 의한 승리, 진정한 승리라고 확신한다.

"이곳 교도소 안에는 여러 교육 시설이 있다. 나는 가능한 한 모든 교육을 받을 생각이다. 나 자신을 갱생하기 위해서가 아니다. 나 자신을 사회에 더욱 위험한 인물로 만들기 위해서다."

자신의 처지를 억울해하고 사회에 적대적인 태도를 드러내는 표현이다. 그가 세상 사람들과 어떤 유대도 맺고 싶어 하지 않는다는 것은 다음

진술에서도 나타난다. "만약 내게 아들이 생긴다면 나는 그 아이의 목을 졸라 죽일 것이다. 또 한 명의 인간을 세상에 내보내는 것은 죄악이다. 당신들은 내가 그런 죄악을 저지를 것으로 생각하는가?"

이런 사람은 어떻게 교화할 수 있을까? 협동 능력을 개선하고, 그의 인생 평가가 어디서부터 빗나갔는지를 보여 주는 것 외에는 다른 방법이 없다. 어린 시절의 그릇된 인식들까지 되짚어 바로잡아 주어야 그를 이해시킬 수 있다. 하지만 이 사례에는 내가 중요하다고 생각하는 사항들이 빠져 있다. 이 청년을 범죄자로 만든 사건은 어린 시절에 일어났다.

굳이 추측해 보자면 그는 장남으로 태어났고, 다른 장남들처럼 처음에는 많은 사랑과 관심을 받았다. 그는 동생이 태어나면서 자신의 지위를 빼앗겼다고 느꼈다. 내 추측이 옳다면 그런 작은 일들도 아동의 협동 능력 발달을 방해한다는 것을 알 수 있다.

이 청년은 한동안 직업 훈련 학교(비행 청소년의 갱생을 위한 시설 ─ 역주)를 다녔는데, 그곳에서 아주 거친 대우를 받았다고 한다. 그래서 나중에 학교를 떠날 때는 사회에 대해 증오심을 품고 있었다고 한다.

이 점에 관해 꼭 하고 싶은 말이 있다. 심리학적 견지에서 볼 때 교도소 수감자들을 거칠게 대우하는 것은 그들에 대한 도전이나 도발로 해석될 수 있다. 그것은 일종의 힘겨루기다. 마찬가지로 일반인들이 "우리는 이런 범죄의 물결에 종지부를 찍어야 한다."라고 말하면 범죄자들은 이 말을 자신들에 대한 도전으로 받아들인다. 범죄자들은 사회가 자신들에게 '할 테면 해봐.'라는 식으로 부추기고 있다고 느낀다. 그래서 범죄자들은 더욱 투지를 불태우며 범죄를 저지른다. 만일 어떤 사람이 자신의 투쟁 상대가 전 세계라고 생각한다면, 도전장을 받는 것만큼 강렬한 '스릴'

을 느끼게 해 주는 것이 또 있을까?

　문제 아동들을 교화할 때 "우리 둘 중에 누가 더 강한지 알게 될 거야!"라든가 "누가 가장 오래 버틸 수 있는지 두고 보자!"라는 식으로 말하는 것은 문제 아동들에게 도전하는 행위다. 이는 최악의 실수를 저지르는 것이다. 이런 아이들은 범죄자와 마찬가지로 자기가 강하다는 느낌에 도취해 있다. 그리고 나쁜 짓을 해도 머리만 잘 굴리면 들키지 않고 빠져나올 수 있다고 생각한다. 교도소와 소년원에서는 직원들이 이따금 수감자들에게 도전하는 경우가 있는데, 이는 전혀 바람직하지 않다.

　다음은 교수형을 당한 살인범의 사례다. 이 살인범은 두 사람을 잔혹하게 살해했다. 그는 살인 전에 자신의 의도를 일기장에 기록했다. 이 기록은 범행 계획의 종류를 살펴볼 기회를 제공한다. 어떤 사람도 미리 계획하지 않고는 범행을 저지르지 못한다. 그리고 그 계획에는 언제나 범행을 정당화하는 변명이 포함되어 있다. 나는 고백하는 성격의 이런 글에서 단지 범행 자체만 간단하게 묘사된 경우를 본 적이 없다. 또한 범죄자가 자신의 행위를 정당화하려고 노력하지 않은 사례도 본 적이 없다.

　여기서 우리는 사회적 감정의 중요성을 볼 수 있다. 범죄자들도 사회적 감정과 화해해야 한다. 동시에 그들은 범행을 저지르기 전에 자신의 사회적 감정을 죽이고 사회적 관심의 울타리를 빠져나가기 위해 준비해야 한다. 도스토옙스키의『죄와 벌』에서도 주인공 라스콜니코프는 두 달 동안 침대에 누워서 살인을 감행할 것이냐 말 것이냐를 놓고 고민한다. 그는 '나는 나폴레옹(영웅)인가, 아니면 한 마리의 이(기생충)인가?'라는 질문으로 자신을 혹사한다. 범죄자들은 이런 식의 망상으로 자신에게 박

차를 가한다.

　사실 모든 범죄자는 자신이 사회에 유익한 삶을 살고 있지 않다는 것을 의식하고 있다. 또한 유익한 삶의 의미도 알고 있다. 하지만 비겁한 범죄자들은 그것을 거부한다. 그들이 비겁한 이유는 유익한 사람이 될 능력이 없기 때문이다. 인생의 여러 과제를 해결하려면 협동이 필요하다. 하지만 그들은 협동을 배우지 못했다. 범죄자들은 나중에 가서야 전과자라는 무거운 짐에서 해방되고 싶어 한다. 그들은 자신을 정당화하려 들고 정상 참작을 호소한다. 당시에 자신은 질병에 시달렸고 노숙자 신세였다는 등 변명을 내세운다.

　다음은 이 살인범의 일기에서 발췌한 내용이다.

　"나는 부모에게 버림받았다. 역겹고 경멸스러운 상황이다(그는 기형적 인 코를 가지고 태어났다). 내 비참한 처지에 숨이 막힐 지경이다. 나를 제지하는 것은 아무것도 없다. 더는 견디지 못할 것 같다. 이처럼 버림받은 상태를 운명이라고 체념해야 할지도 모르겠다. 하지만 텅 빈 배 속은, 배고픔은 나도 어쩔 수가 없다."

　그는 정상을 참작해 줄 만한 조건을 만들었다.

　"나는 교수대 위에서 죽을 것이라는 예언이 있었다. 하지만 이런 생각이 떠올랐다. '교수형으로 죽는 것과 굶어 죽는 것 사이에 무슨 차이가 있겠는가?'"

　다른 사례에서 어떤 아이의 어머니는 아이에게 이렇게 예언했다. "내가 장담하는데, 언젠가는 네가 나의 목을 졸라 죽일 것이다." 그 아이는 열일곱 살 때 어머니 대신 이모를 목 졸라 죽였다. 이런 식의 예언은 도전 행위와 마찬가지로 상대방의 반항 심리를 자극한다.

일기는 계속된다. "나는 결과에 신경 쓰지 않는다. 어차피 나는 죽어야 한다. 나는 쓸모없는 인간이다. 나와 관계를 맺으려는 사람은 아무도 없다. 내가 좋아하는 여자는 나를 피하고 있다." 이 살인범은 그 여자의 관심을 끌고 싶었지만 그에게는 멋진 옷도 없고 돈도 없었다. 그는 그 여자를 하나의 소유물로 간주했다. 이것이 사랑과 결혼 문제에 대한 그의 접근 방식이었다.

"어떻게 되든 똑같다. 나는 구제되든가 파멸할 것이다." 이런 사람들은 극단적인 것이나 상호 대립하는 것을 좋아한다. 그들은 마치 어린아이 같다. 전부 아니면 전무(everything or nothing)여야 한다. '굶어 죽든지, 아니면 교수형을 당하든지' 혹은 '구원 아니면 파멸' 식으로 양 극단 사이의 선택이어야 한다.

"목요일을 위해 모든 것이 준비되었다. 희생자는 이미 선택되었다. 나는 범행 기회만을 기다리고 있다. 그 기회가 오면 나는 아무나 하지 못하는 일을 할 것이다." 그는 자기 자신에게는 영웅이었다. "그것은 끔찍한 일이다. 아무나 할 수 있는 일이 아니다." 이 살인범은 칼을 들고 한 남자를 기습해 살해했다. 정말 아무나 할 수 있는 일이 아니었다!

"목동이 양 떼를 몰고 가듯이 극심한 배고픔은 사람을 가장 사악한 범죄로 몰고 간다. 어쩌면 나는 내일을 보지 못할지도 모르지만 상관없다. 가장 끔찍한 것은 굶주림의 고문을 당하는 것이다. 나는 불치병으로 완전히 소진된 상태다. 내 마지막 시련은 그들이 나를 심판할 때 올 것이다. 사람은 자신의 죗값을 치러야 하지만, 그렇게 죽는 것이 굶어 죽는 것보다는 낫다. 내가 그냥 굶어 죽는다면 아무도 내 존재를 알지 못할 것이다. 하지만 이제는 내 교수형을 보려고 사람들이 몰려들 것이다. 그들 중 누군가는 나를 측은하게 여길지도 모른다. 나는 내가 시작한 일을 완수하게 될 것이다. 내가 오늘 밤 느끼고 있는 이 두려움은 어떤 사람도 겪어보지 못한 것이다."

결국 이 살인범은 스스로 믿었던 영웅은 아니라는 이야기다! 그는 반대 심문에서 이렇게 말했다. "그 사람의 심장을 찌르지는 않았지만 나는 살인을 저질렀다. 내가 교수형에 처해질 수밖에 없다는 것은 잘 알고 있다. 하지만 그 사람은 정말 멋진 옷을 입고 있었다. 나로서는 꿈도 꾸지 못할 좋은 옷이었다."

이 살인범은 굶주림이 살해 동기였다는 이야기는 더는 하지 않고 있다. 이제 그의 고착 관념(fixed idea, 마음이 어떤 대상에 쏠려 끊임없이 의식을 지배하며, 모든 행동에까지 영향을 끼치는 관념 — 역주)이 된 것은 멋진 옷이다. 그는 "내가 무슨 짓을 하고 있는지도 몰랐다."라고 하소연했다.

우리는 이런 진술을 흔히 들을 수 있다. 이따금 범죄자들은 범행을 저지르기 전에 인사불성이 될 정도로 술을 마신다. 이런 행동은 범죄자들이 사회적 관심의 울타리를 벗어나기 위해 얼마나 열심히 노력하지 않으면 안 되는가를 증명한다. 나는 범죄 경력이 기록된 모든 글에 그동안 내가 강조해 온 모든 관점이 담겨 있다고 확신한다.

5. 범죄 문제의 해결책, 설득과 협력

만약 우리가 항상 범죄자의 경력 속에서 사회적 관심이 빠져 있고 협동 훈련을 받지 않은 개인의 허구적인 우월 추구 노력을 발견한다면, 우리가 할 수 있는 일은 무엇일까?

신경증 환자와 범죄자의 경우, 그들을 설득해 협력을 이끌어 내지 못하면 아무 일도 하지 못한다. 이 점은 매우 중요하다. 만약 우리가 범죄자의 관심을 인류 복지 쪽으로 돌려놓는다면, 범죄자가 타인에게 관심을 보이도록 한다면, 범죄자에게 협동을 훈련시킬 수 있다면, 인생 문제를 협력적인 수단으로 해결하도록 범죄자를 지도할 수 있다면 성공은 보장된 것이다. 하지만 이런 일에 실패한다면 우리는 아무것도 할 수 없다.

이 과제는 그리 간단한 게 아니다. 일을 수월하게 해 준다고 해서 범죄자들을 설득할 수 있는 것이 아니다. 범죄자들의 잘못을 지적하거나 그들과 논쟁을 벌이는 방법으로 설득할 수 있는 것도 아니다. 범죄자들의 마음은 이미 굳어져 있다. 그들은 오랜 세월 동안 이런 사고방식으로 세상을 본 것이다.

<u>범죄자들을 변화시키려면 그런 사고방식의 근본 원인을 찾아내야 한다.</u> 어디에서부터 그들의 실패가 시작되었는지, 어떤 상황이 실패를 불러왔는지 찾아내야 한다. 범죄자들 성격의 주된 특징은 네 살에서 다섯 살 무렵에 이미 확정된다. 범죄자들은 그 무렵부터 자기 자신과 세상에 대한 평가에서 잘못을 저지른다. 그들의 범죄 경력에서 똑같은 잘못을 찾아볼 수 있다. 바로 이러한 초기 잘못을 이해하고 교정해야 한다. 삶에 대한 태도가 최초로 형성된 상황을 살펴보아야 하는 것이다.

나중에 범죄자들은 그런 태도를 정당화하는 데 적합하도록 자신의 모든 경험을 변형한다. 그들은 자신들의 경험이 그 틀에 꼭 들어맞지 않을 때에는 이리저리 궁리하고 변형해서 그 틀 속에 좀 더 들어맞도록 한다. 만일 어떤 사람이 "다른 사람들은 나에게 굴욕감을 주고 나를 거칠게 대한다."라고 생각한다면 그는 이런 인생관이 옳다는 것을 증명하기 위해 많은 증거를 찾으려 할 것이다. 그는 증거로서 적합한 사건들을 찾고 반대 증거들은 무시한다.

범죄자들은 오로지 자기와 자신의 의견에만 관심을 둔다. 그들은 자신의 독자적인 인생 해석과 부합하지 않는 것에는 주의를 기울이지 않는다. 따라서 인생에 대한 그들 나름의 해석과 견해의 이면을 파고 들어가 이런 태도가 처음 시작된 방식을 찾아내야 한다. 그래야 범죄자들을 설득할 수 있다.

체벌은 효과가 없다

교도소에서의 체벌(corporal punishment, 체형)은 비효과적이다. 체형은 범죄자들에게 사회가 적대적이고 사회와 협력하는 것은 불가능하다는 점을 확인시켜 줄 뿐이기 때문이다.

범죄자들은 체형과 비슷한 것을 이미 학창 시절에 체험했을지도 모른다. 그들은 협동하도록 훈련받지 않았기 때문에 학교 과제를 제대로 수행하지 않거나 교실에서 행실이 좋지 않았다. 그래서 야단을 맞고 벌을 받았다. 이런 조치가 그들을 각성시켜 협력하도록 만들 수 있을까? 그들은 상황이 더욱 절망적으로 변했다고 느낄 뿐이다. 그들은 주변 사람들이 자신을 적대적으로 대한다고 생각한다. 학교가 싫어지는 것은 당연하다. 세상의 어느 누가 자신에 대한 비난과 징계가 예상되는 곳을 좋아하겠는가?

이런 청소년들은 남아 있던 자신감의 일면마저도 잃어버린다. 학업이나 선생님들 혹은 학교 친구들에게도 관심이 없어진다. 무단결석을 하기 시작하고, 다른 사람들이 찾지 못할 곳으로 잠적하기도 한다. 이런 장소에서 그들은 자신과 똑같은 경험을 하고 똑같은 길을 걸어온 다른 청소년들을 알게 된다. 그 청소년들은 다른 사람들과는 다르게 기분을 맞춰주고 야망을 부추기며 반사회적인 방식으로 성공할 수 있다는 희망을 준다. 그들은 자신의 삶에 대한 사회적 요구에는 관심이 없어서 새로 만난 사람들을 친구로 받아들이고 사회 전반을 적으로 간주한다.

이렇게 한데 어울리게 된 청소년들은 함께 있으면 기분이 좋아지는 것을 느낀다. 수많은 청소년이 이런 식으로 범죄 조직에 가담하게 된다. 우리가 그들을 기존 방식대로 가혹하게 대한다면 우리는 적이고 범죄자만이 친구라는 그들의 견해를 확증해 주게 될 뿐이다.

이런 청소년들이 인생 과제들 때문에 좌절을 겪어야만 할 이유는 전혀 없다. 우리는 그들이 희망을 잃도록 내버려 두어서는 안 된다. 이런 사태는 쉽게 예방할 수 있다. 이를 위해서는 청소년들이 자신감과 용기를 가질 수 있도록 학교 프로그램을 새롭게 편성해야 한다. 이 제안에 관해서는 나중에 좀 더 상세하게 다룰 것이다. 지금은 다만 어떻게 범죄자들이 사회가 자신들을 적대시하는 증거로서만 체벌을 해석하는가에 관해 살펴보고자 한다.

체벌은 다른 이유에서도 비효과적이다. 대다수 범죄자는 자신의 인생을 높이 평가하지 않는다. 그들 중 일부는 자살을 생각하기도 한다. 체벌은 물론이고 극형마저도 그들에게 두려움을 주지는 못한다. 범죄자들은 경찰을 능가하겠다는 욕망에 사로잡혀 있어서 체벌의 고통을 느끼지도 못한다. 이는 범죄자들이 도전으로 간주하는 것에 대한 전반적인 반응의 일부다. 교도소 직원들이 수감자들을 가혹하게 취급할수록 수감자들은 더욱 저항 의지를 불태운다.

범죄자들은 사회와의 접촉을 지속적인 전쟁의 하나로 간주하며 승리를 차지하려고 노력한다. 똑같은 방식으로 대응하는 것은 범죄자들의 의도에 말려 들어가는 것에 불과하다. 이런 의미에서 전기의자도 범죄자들의 전의(戰意)를 부추기는 도전이 될 수 있다. 범죄자들은 자신들을 끔찍한 역경에 맞서 싸우는 전사로 상상한다.

사법 당국의 처벌 수위가 높을수록 우월한 계략으로 대응하겠다는 범죄자들의 욕망도 커진다. 범죄자들은 흔히 자신의 범행을 이런 식으로만 생각한다. 예를 들어 전기의자 처형을 선고받은 죄수들은 "내가 안경을 남겨 두지만 않았어도 괜찮았을 텐데!"라는 식으로 자신이 어떻게 했으면 검거되지 않았을까를 생각하며 남은 시간을 보낸다.

어린 시절이 인생을 좌우한다

범죄자들을 교화하는 유일한 방법은 이것이다. 그들이 어린 시절에 협동을 배우는 것을 방해한 사건이 무엇인지를 찾아내는 것이다. 이 점에서 개인 심리학은 암흑에 싸여 있던 영역에 어느 정도 빛을 밝히는 역할을 했다.

어린이의 정신은 다섯 살쯤 되면 인격(personality)의 여러 가닥이 한데로 모여서 하나의 구성단위가 된다. 유전과 환경도 아동 발달에 어느 정도 영향을 미친다. 하지만 <u>우리의 관심 대상은 어린이들의 선천적인 특징이나 후천적인 경험보다 아이들이 그런 것들을 이용하는 방식이다.</u> 즉 유전적 요인과 상황적 경험을 어떻게 이용해 무엇을 하느냐는 점이다.

이런 관점으로 연구하는 것이 특히 중요한 이유는 무엇일까? 우리가 유전된 능력이나 특성들에 관해서는 사실상 아는 것이 별로 없기 때문이다. 우리가 고려해야 할 것은 어린이들의 여러 잠재력과 어린이들이 그 잠재력을 어느 정도로 충분히 활용했는가 하는 점이다.

모든 범죄자에 대해 우리가 참작해야 할 상황이 있다. 범죄자들에게도 어느 정도의 협동 능력이 있지만 사회의 요구에 비하면 충분하지 않다는 사실과 이에 대한 일차적인 책임은 그들의 부모에게 있다는 점이다. 부모는 자녀의 관심 범위를 어떻게 넓혀 주어야 하는지, 그리고 어떻게 하면 타인에 대한 관심으로까지 확대할 수 있는지 알아야 한다. 또한 부모는 자녀들이 인류 전체와 자신들의 미래에 관심을 가질 수 있도록 처신해야 한다.

때로는 이런 부모도 있다. 자녀의 관심이 부모 이외의 사람에게 향하는 것을 원하지 않는 것이다. 부모의 결혼 생활이 행복하지 않을 때 이런 일이 발생할 가능성이 있다. 그들은 서로 사이가 나빠서 이혼을 고려하거나 상대방을 시기한다. 자녀를 자기편으로 끌어들이기 위해 온갖 응석을 받아 주고 자녀의 독립을 허용하지 않으려 한다. 이런 상황에서는 자녀의 협동 능력이 충분히 발달할 수 없다.

다른 자녀들에 대한 관심 역시 사회적 관심의 발달에 매우 중요하다. 자녀들 가운데 한 아이가 부모의 사랑을 독차지하면 다른 형제들이 그 아이를 이른바 '왕따'로 만들 수도 있다. 이런 상황에 대한 인식이 잘못되면 범죄의 출발점이 될 가능성도 있다.

형제 중에 한 아이의 능력이 뛰어나면 다른 아이는 문제아가 되는 경우가 많다. 예컨대 차남이 더욱 붙임성이 있고 매력적이면 장남은 자신이 무시당했다는 느낌에 사로잡힌다. 장남은 무시당했다는 생각이 옳다는 것을 입증할 증거를 찾으려 한다. 장남의 행실은 더욱 나빠지고 그럴수록 꾸중도 더 많이 듣는다. 꾸중을 들으면서 장남은 자신이 뒷전으로 밀려나 있다는 확증을 다시 발견한다. 장남은 무엇인가를 빼앗겼다는 느낌에 도둑질을 시작하기도 한다. 절도 행위가 발각되어 벌을 받으면 그것이 또 다른 증거가 된다. 아무도 자기를 사랑하지 않고, 모두가 자기를 배척한다는 확실한 증거가 되는 것이다.

부모가 자녀들 앞에서 불경기와 어려운 살림 형편에 대해 불평한다고 하자. 이러한 태도는 자녀들의 사회적 관심이 발달하는 데 걸림돌이 될 수 있다. 부모가 친척이나 이웃들에 대한 험담을 늘어놓고, 다른 사람들에 대한 악감정과 편견을 드러내는 경우에도 똑같은 결과를 초래할 수 있다. 이런 부모 밑에서 자란 아이들은 세상 사람들에 대해 비뚤어진 견해를 갖게 된다. 이런 아이들이 결국 자기 부모에게 등을 돌린다고 해도 별로 놀라운 일이 아니다.

사회에 대한 관심이 봉쇄된 곳에는 늘 자기중심적인 태도만 남아 있다. 청소년들은 "왜 내가 다른 사람들을 위해 무엇인가를 해야 하는가?"라고 생각한다. 이런 사고방식으로는 인생의 많은 과제를 해결할 수 없다. 그래서 청소년들은 앞으로 나아가지 못한 채 쉽게 빠져나갈 구멍을 찾을 수밖에 없다. 그들은 살아남기 위한 투쟁이 너무 버겁다고 생각한다. 또한 다른 사람들에게 상처를 입혀도 죄책감을 느끼지 못한다. 이것은 전쟁과 다름없는 상황이다!

범죄 행위의 발생 계기를 살펴볼 수 있는 몇 가지 사례를 들어 보자.

어느 가정에서 차남이 문제아였다. 이 차남은 상당히 건강했고 유전적인 장애 같은 것도 전혀 없었다. 반면, 장남은 가족의 총아였다. 차남은 달리기 경주에서 선두 주자를 추월하기 위해 애쓰듯이 늘 형을 따라잡기 위해 노력했다. 차남의 사회적 관심은 개발되지 못했다. 그는 지나칠 정도로 어머니에게 의존하면서 가능한 한 모든 것을 어머니로부터 얻어 내려 했다. 형에 필적하는 아들이 되려고 노력하는 것은 차남에게 너무나 벅찬 과제였다. 학교 성적을 보아도 형은 반에서 일등이었고 그는 바닥권이었다.

차남은 지배욕이 매우 강했고 이를 분명히 드러냈다. 집에서 그는 늙은 가정부에게 각종 명령을 내렸다. 예컨대 그 가정부에게 병사 역할을 맡기고는 방 안에서 둥글게 행진하게 하거나 군사 훈련을 시키기도 했다. 다행히 차남을 좋아했던 가정부는 스무 살인 그가 장군 놀이를 하며 명령을 내려도 순순히 응해 주었다. 차남은 자기가 반드시 수행해야 할 일들 때문에 늘 걱정을 많이 했지만 실제로 어떤 일을 완수한 적은 한 번도 없었다. 곤경에 처하면 언제든지 어머니에게 돈을 받아 쓸 수 있었지만 자주 핀잔을 듣고 비판을 받았다.

차남은 갑작스럽게 결혼을 하게 되었다. 이로 말미암아 어려움이 가중되었다. 하지만 차남에게 가장 중요한 것은 형보다 먼저 결혼했다는 사실이었다. 차남은 이것을 위대한 승리로 간주했다. 차남의 이런 태도는 자신의 가치에 대한 평가가 얼마나 저급한 수준인가를 여실히 보여 준다. 그는 이런 어처구니없는 방식으로라도 승리하고 싶었던 것이다.

차남과 아내는 날마다 말싸움을 벌였다. 어머니가 예전만큼 풍부하게 경제적으로 도와줄 수 없게 되자, 차남은 피아노 여러 대를 주문해서 물품을 받은 뒤 값도 치르지 않은 상태에서 되팔아 버렸다. 이 사건으로 그는 감옥에 갔다.

이 사례에서도 범죄 경력의 뿌리는 어린 시절에 있음을 알 수 있다. 작은 나무가 큰 나무의 그늘에 가리듯이 차남은 형의 그늘 밑에서 성장했다. 차남은 공부도 잘하고 성격도 좋은 형과 비교해 자신이 경시되고 도외시되었다는 생각을 한 것이다.

다음 사례는 열두 살 소녀의 이야기다. 야심적인 성격의 이 소녀는 부모에게 지나치게 귀여움을 받으며 자랐다. 소녀는 여동생을 심하게 질투했다. 이런 라이벌 의식은 집과 학교에서 모두 나타났다. 소녀는 여동생이 귀여움을 더 받거나 사탕과 돈을 더 많이 받는 경우가 생길까 봐 늘 경계했다. 어느 날 소녀는 학교 친구들의 호주머니에서 돈을 훔쳤다가 들키는 바람에 벌을 받았다.

다행스럽게도 나는 이 소녀에게 전체 상황을 설명해 이해시켰다. 이로 말미암아 소녀는 동생과의 경쟁에서 이길 수 없다는 불안감에서 해방되었다. 나는 소녀의 가족에게도 상황을 설명해 주었다. 소녀의 부모는 동생만 편애한다는 인상을 주지 않으려고 노력해 결국 문제가 해결되었다. 이는 20년 전에 있었던 일이다. 그 소녀는 정직한 여성으로 성장해 결혼하고 아이도 낳았다. 그녀는 그때 이후로 인생에서 큰 실수를 저지르지 않았다.

범죄자의 성격 구조를 파헤치다

우리는 1장에서 아동 발달이 특별히 위험해지는 상황들을 살펴보았다. 여기서 다시 한 번 그 내용을 간략히 되짚어 보고자 한다. 우리가 그런 상황들을 강조해야 하는 이유는 무엇일까? 개인 심리학의 주장이 옳다면 그 상황들이 범죄자의 인생관에 미치는 영향을 알아야만 그들을 협조적인 방향으로 인도할 수 있기 때문이다. 남다른 어려움을 지닌 어린이의 세 가지 주요 유형은 다음과 같다. 첫째는 신체적 장애가 있는 어린이, 둘째는 응석받이 어린이, 셋째는 방치된 어린이다.

나는 직접 접촉한 범죄자들과 서적이나 신문에서 읽은 범죄 사건들을 연구하면서 범죄적 성격의 구조를 밝혀내려고 노력해 왔다. 이 과정에서 개인 심리학이 더욱 깊은 이해의 열쇠 역할을 한다고 느꼈다. 몇몇 사례를 더 들어 보자.

첫 번째는 아버지를 살해한 소년의 사례다. 소년의 아버지는 아들을 무시하고 가혹하게 다루었다. 심지어 가족 전체를 학대했다. 한번은 소년이 아버지를 반격했고 아버지는 아들을 고소했다. 판사는 소년에게 이렇게 말했다. "네 아버지는 사악하고 싸움을 좋아하는 사람이야. 하지만 나로서도 어쩔 수가 없구나."

소년의 가족은 부자간의 분쟁을 해결할 방도를 찾으려 했지만 헛수고였다. 그들은 깊은 절망에 빠졌다. 그러던 차에 아버지는 평판이 안 좋은 여자를 데려와 동거하면서 아들을 집에서 쫓아냈다. 그 무렵에 소년은 한 날품팔이 노동자를 알게 되었다. 이 노동자는 암탉의 눈을 도려내는 잔인한 짓을 즐기는 사람이었다. 그는 소년에게 아버지를 죽여 버리라고 부추겼다. 소년은 어머니 때문에 망설였다. 하지만 상황은 악화 일로로 치달았다. 소년은 결국 그 노동자의 도움으로 아버지를 살해했다.

이 소년은 자신의 사회적 관심을 아버지에게로 넓히지 못했다. 소년은 어머니를 사랑하고 존경했다. 소년이 조금이나마 남아 있는 사회적 관심을 잃어버리기 전에 누군가가 도와주어야 했다. 하지만 상황은 반대로 진행되었다. 소년이 살인을 결심할 수 있었던 것은 잔인한 날품팔이 노동자의 지원을 얻었기 때문이다.

두 번째는 독살범으로 알려진 한 여성의 사례다. 왜소한 체구에 기형아였던 이 여성은 부모에게 버림받고 보육원에서 자랐다. 개인 심리학자들의 말에 따르자면 이런 이유로 그녀는 허영심이 많았고 남들의 관심을 끌고 싶어 했다. 또한 비굴하다 싶을 정도로 공손했다.

그녀는 다른 여성들의 남편을 차지하기 위해 세 번씩이나 그 여성들을 독살하려 했다. 박탈감을 느끼는 상황에서 '자신의 것을 되찾기 위해서는' 다른 방법이 없었다는 것이다. 그녀는 그 남자들을 끌어들이기 위해 임신한 척 가장한 뒤 자살을 시도하기도 했다. 그녀는 자서전에서 — 많은 범죄자가 자서전 쓰는 것을 좋아한다 — 이렇게 말했다. "나는 사악한 행동을 할 때마다 '아무도 나를 불쌍하게 여기지 않는다. 그런데 왜 내가 다른 사람들을 불쌍하게 만들까 봐 걱정해야 하는가?'라는 생각을 하곤 했다." 그녀는 자신이 하는 말의 속뜻을 이해하지 못했다. 그녀는 이 말을 통해 개인 심리학의 견해를 입증해 주는 증거를 무의식적으로 제공한 것이다.

우리는 그녀의 말을 통해 어떻게 범죄를 구상하고 실행에 옮겼는지, 어떻게 자신의 행위를 합리화하기 위한 정황을 마련했는지 알 수 있다. 내가 타인들에 대한 관심과 협력을 권고할 때마다 자주 듣는 반박이 있다. "다른 사람들은 내게 아무런 관심도 보이지 않잖아요!"라는 항의다.

그런 반박에 대한 내 대답은 늘 이렇다. "누군가는 시작해야 합니다. 다른 사람들이 협조적이지 않아도 그것은 당신의 문제가 아닙니다. 다른 사람들이 협조적으로 나올지 말지를 걱정하지 말고 당신이 먼저 시작해야 합니다."

세 번째는 남동생을 살해한 한 남성의 사례다. 이 남성과 가족의 관계도 우월 추구라는 목적을 통해 이해할 수 있다. 초기에는 유익한 관계였을 수도 있다. 하지만 본질적으로는 개인의 자존심과 과시욕을 충족하기 위한 관계였던 것으로 보인다. 이 남성은 어머니를 집 밖으로 쫓아내면서 "여기서 나가, 이 늙은 할망구야!"라고 소리쳤다.

우리는 이 남성을 측은하게 여길 수밖에 없다. 그는 심지어 어머니에게도 관심이 없었다. 그를 어린 시절부터 알았더라면 그가 범죄의 길로 빠져드는 과정을 관찰할 수 있었을 것이다. 그는 오랫동안 실직 상태였고 성병에 걸려 있었다. 어느 날, 그는 일거리를 찾지 못한 채 집으로 돌아가다가 남동생을 살해했다. 얼마 되지도 않는 동생의 수입을 가로채기 위해서였다. 이것이 그가 지닌 협력 의지의 한계이다. 인간에게는 더는 앞으로 나아갈 수 없다고 느끼는 한계가 늘 있는 법이다.

네 번째는 위탁 부모 밑에서 성장한 남자아이의 사례다. 위탁모는 너무 지나치게 그 아이의 모든 요구 사항을 들어주었다. 그 결과 그 아이는 응석받이로 자랐고 점점 더 성격이 나빠졌다. 그는 아주 영악했고, 항상 모든 사람에게 강한 인상을 주려고 애썼으며, 늘 선두에 있고 싶어 했다. 위탁모는 그의 야망을 격려해 주었고 그의 말이라면 무조건 믿어 주었다. 결국 그는 거짓말쟁이에 협잡꾼이 되었다. 위탁 부모는 하급 귀족층에 속했다. 그는 귀족 행세를 하며 위탁 부모의 돈을 낭비해 버리고는 그들마저 집에서 쫓아냈다.

잘못된 양육 방식과 과잉보호는 그의 인성을 망가뜨려 정직한 일을 하지 못하도록 만들었다. 그는 거짓말과 속임수로 남들을 이기는 것이 자신의 인생 과제라고 생각한다. 위탁모는 자기가 직접 낳은 아이들이나 남편보다도 더욱 그를 사랑했다. 이런 특별 대우 때문에 그는 자신이 모든 것에 대해 권리가 있다고 생각했다. 하지만 그는 정상적인 수단으로는 성공할 수 없다고 느꼈다. 자신을 낮게 평가한 것이다.

6. 협동 훈련으로 비극 끝, 행복 시작

앞서 지적했지만 어린이들은 협동해도 소용없다는 무력감과 열등감으로 고통받아야 할 이유가 전혀 없다. 어떤 사람도 인생 문제에서 패배할 필요가 없다. 범죄자들은 단지 잘못된 수단을 선택했을 뿐이다. 우리는 범죄자들이 타인에게 관심을 보이고 협동할 수 있도록 용기를 심어주어야 한다.

모든 사람이 범죄는 용기 있는 행동이 아니라 비겁한 행위라는 사실을 충분히 인식한다면 범죄자들은 더는 집요하게 자기 합리화를 하지 않을 것이다. 어린이들도 장래의 범죄 행각을 위해 자신을 훈련하지는 않을 것이다. 범죄 사례를 보면 어린 시절에 잘못 형성된 생활 양식의 영향이 드러난다. 범죄자들의 생활 양식에는 협동 능력이 빠져 있다.

협동 능력은 반드시 학습과 훈련을 통해서만 개발할 수 있다는 점을 강

조하고 싶다. 협동 능력이 유전적일 가능성은 전혀 없다. 다만 협동을 위한 잠재력이 있는데, 이 잠재력은 선천적인 것으로 간주해야 한다. 하지만 그 잠재력이 개발되기 위해서는 반드시 훈련을 받고 연습해야 한다.

내가 보기에 범죄에 관한 그 외의 모든 관점은 불필요하다. 이 주장은 협동 훈련을 받았는데도 범죄자가 된 사람들이 존재한다는 증거가 아직은 없다는 전제하에서 한 이야기다. 나는 그런 범죄자를 만난 적이 없다. 다른 학자들이 그런 범죄자를 만났다는 소문도 들은 바 없다. 범죄를 예방하려면 협동에 대한 올바른 훈련이 필요하다. 이 점이 제대로 인식되지 않는다면 범죄라는 비극을 피할 수 없을 것이다.

협동의 가치는 학과목처럼 가르칠 수 있다. 협동은 진리고, 진리는 가르칠 수 있기 때문이다. 학과목 시험 준비를 충분히 하지 않았다면 시험 성적이 나쁘게 나올 수밖에 없다. 협동에 관한 지식이 요구되는 상황에서도 마찬가지다. 인간의 모든 인생 문제에는 협동에 관한 지식이 필요하다.

우리는 범죄 문제에 대한 과학적 조사의 끝 부분에 도달했다. 이제 우리는 진실을 직시할 정도로 용감해져야 한다. 수천 년의 세월이 흘렀어도 인류는 아직 이 문제에 대처할 올바른 방법을 찾지 못하고 있다. 범죄라는 재앙은 아직도 우리를 위협하고 있다.

지금까지 범죄적 생활 양식을 변화시키고 잘못된 인생 태도 발달을 예방하기 위한 올바른 조치가 취해진 적이 없었다. 이 점을 간과하면 어떤 방안도 실효를 거두기 어려울 것이다. 따라서 우리는 범죄자들을 대상으로 협동을 훈련해야 한다.

모든 범죄자를 교화할 방법은 개인 심리학을 통해 파악할 수 있다. 하지만 이는 절대 간단한 일이 아니다. 불행하게도 대부분 사람은 자신의 곤경이 어느 한계점을 넘어서면 협동 능력이 고갈되어 버린다. 불경기에는 항상 범죄자 수가 늘어난다. 모든 범죄자나 잠재적 범죄자를 유익한 사회 구성원으로 만들 수 있을까? 이를 당면 목표로 삼는 것은 실현 가능성이 없다.

집단 토론으로 범죄자들을 일깨우자

하지만 우리가 할 수 있는 일은 많다. 모든 범죄자를 교화할 수 없어도 자신의 짐을 감당하지 못하는 사람들의 부담을 덜어 줄 수는 있다. 예를 들면 우리는 근로 의욕이 있는 모든 사람의 취업이 가능하도록 만들어야 한다. 취업과 경제적 능력은 사회생활의 여러 요구 사항을 실현해 줌으로써 사람들이 (마지막으로 남은) 협동 능력을 잃어버리지 않는 데 이바지할 것이다. 이 조치가 취해진다면 범죄자 수가 줄어들 것이다. 현재 이런 개선책을 시행할 정도로 여건이 성숙했는지 여부는 나도 잘 모르지만, 이런 변화를 위해 노력해야 하는 것은 확실하다.

또한 우리는 어린이들이 미래의 직업 활동에 충분히 대비할 수 있도록 좀 더 나은 훈련을 제공해야 한다. 그래야만 직장 선택 폭이 넓어지고 더욱 준비된 상태로 인생 문제에 직면할 수 있을 것이다. 이런 훈련은 교도소 안에서도 시행할 수 있다. 이러한 조치들은 어느 정도는 이미 시행되고 있다. 여기서 우리가 해야 할 일은 노력을 한층 강화하는 것이다. 나는 현실적으로 모든 범죄자에 대한 개별적 치료가 가능하다고 생각하지 않는다. 하지만 집단 치료는 가능하다. 이 방법으로도 큰 성과를 낼 수 있을 것이다.

범죄자들과의 집단 토론을 예로 들 수 있다. 여러 사회 문제를 놓고 다수의 범법자와 집단 토론을 하면서 우리의 질문에 그들이 답변하도록 하는 것이다. 우리는 그들의 생각을 일깨우고 오랜 미몽에서 깨어나도록 해야 한다. 세상에 대한 독단적인 해석과 자신의 잠재력에 대한 과소평가에 중독된 상태에서 해방시켜야 한다. 또한 그들이 자신을 제약하지 않도록 깨우쳐 주고, 그들이 직면할 수밖에 없는 여러 사회 문제와 상황에 대한 두려움을 경감시켜 주어야 한다. 나는 이 같은 집단 치료를 통해 큰 성과를 거둘 수 있다고 확신한다.

가난한 사람들은 궁핍과 사치의 극심한 대비가 노골적으로 보이면 마음의 상처를 입고 시기심에 휩싸인다. 따라서 우리는 과시적 언행을 삼가야 한다. 자신의 재산이 얼마나 많은지 자랑하고 다닐 필요는 없다.

장애 아동과 비행 청소년의 심리 치료에서 도발적인 조치로 그들의 반항심을 자극하는 것은 쓸모없는 짓이다. 그들이 부정적인 태도를 고집하는 것은 자신들이 주변 환경과 전쟁을 벌이고 있다고 생각하기 때문이다. 범죄자들의 경우도 마찬가지다. 경찰과 판사, 법률 등은 범죄자들을 도발적으로 자극하며 적개심을 불러일으킨다. 범죄자들에게 위협감을 느끼게 하는 것은 바람직하지 않다. 좀 더 신중하게 대응하고, 범죄자들의 이름이나 얼굴을 공개하지 않는 편이 훨씬 나을 것이다.

범죄에 대한 우리의 태도도 시정되어야 한다. 범죄자들을 엄하게 혹은 부드럽게 대하는 것만으로 그들을 변화시킬 수 있다고 생각해서는 안 된다. 그들은 자신의 상황을 좀 더 정확히 이해해야만 변화할 수 있다. 물론 우리는 인도주의적인 태도를 견지해야 한다. 극형을 들먹이면 범죄자들이 겁먹을 것이라고 생각해서는 안 된다. 앞서 보았듯이 극형이 오히려 범죄의 흥분적인 요소만 더해 주기도 한다. 범죄자들은 처형을 기다리는 마지막 순간에도 검거로 이어졌던 결정적인 실수를 후회할 뿐이다.

범죄 해결률을 높이기 위한 노력도 더 필요하다. 내가 아는 바로는 적어도 범죄자의 40% — 어쩌면 그 비율이 훨씬 더 높을 수도 있다 — 는 발각되지 않고 있다. 모든 범죄자의 마음속에는 항상 이 사실이 들어 있다. 거의 모든 범죄자가 범행을 저지르고도 적발되지 않은 경험이 있을 것이다. 교도소에 수감 중이거나 퇴소한 범죄자들이 모욕을 당하거나 도발적 자극을 받지 않도록 하는 것도 중요하다. 보호 관찰관의 수를 늘리는 것은 바람직하다. 다만 이 역할에 적합한 유형의 사람이 배정되어야 한다. 보호 관찰관들도 각종 사회 문제와 협동의 중요성에 관해 교육을 받아야 한다.

어린이 협동 훈련, 범죄 예방의 지름길

이와 같은 제안들이 시행된다면 우리는 많은 성과를 거둘 수 있을 것이다. 하지만 그렇게 하더라도 우리의 기대만큼 범죄 발생 건수를 줄일 수 있을지는 미지수다. 다행스럽게도 우리에게는 또 다른 수단이 있다. 이것은 매우 실제적이고 성공 확률도 높은 방법이다. <u>우리가 어린이들의 협동 능력을 키워 주고 사회적 관심을 발달시킬 수 있다면 범죄자 수가 많이 줄어들 것이다.</u> 이 효과는 가까운 미래에 확인할 수 있을 것이다.

이렇게 훈련한 청소년들은 쉽사리 자극을 받거나 범죄의 유혹에 넘어가지 않을 수 있다. 어떠한 문제나 어려움에 부닥치더라도 타인에 대한 관심이 완전히 파괴되지는 않을 것이다. 청소년들의 협동 능력과 인생의 여러 문제에 대처하는 능력은 우리 세대보다 훨씬 더 충분하게 발달할 것이다.

대다수 범죄자는 아주 일찍부터 범죄의 길로 들어선다. 일반적으로 범죄는 사춘기에 시작되는데, 열다섯 살부터 스물여덟 살 사이에 가장 빈번하게 발생한다. 따라서 우리가 제시하는 방법의 긍정적인 효과는 금방 확인할 수 있을 것이다.

올바른 방식으로 교육받은 청소년들은 가정생활 전체에도 긍정적인 영향을 미친다. 자립적이고 진취적이며 낙관적인 아이들은 부모에게도 도움과 위안이 된다. 협동 정신은 이런 식으로 사회와 전 세계로 확산될 것이고, 인류의 사회적 발달은 훨씬 높은 수준으로 진행될 것이다. 우리는 청소년들에게 영향을 미치는 것과 동시에 부모와 교사들에게 영향을 미치는 일에도 집중해야 한다.

이제 남아 있는 유일한 문제는 이것이다. 아이들이 인생의 여러 과제와 어려움에 대처할 수 있도록 가르치기 위해 어떤 방법을 채택하고 어떻게 가장 효과적인 공략 지점을 선정할 것인가 하는 점이다.

모든 부모를 훈련하는 것은 어떨까? 이 제안은 그다지 희망적이지 않다. 우선 부모들과 만나기가 쉽지 않다. 그렇다면 모든 아이를 붙잡아 가두어 놓고 온종일 감시하는 것은 어떨까? 이 제안 역시 그다지 좋아 보이지 않는다.

실천 가능한 좋은 해결책이 있다. 교사들을 사회 발전의 매개체로 활용하는 것이다. 훈련을 받은 교사들은 학생들의 가정에서 일어난 잘못을 교정하고 타인에 대한 관심을 발달시킬 수 있다. 이를 통해 학교의 역할이 자연스럽게 발전할 것이다.

가정에서는 아이들의 미래에 대비한 교육을 충분히 시행할 수가 없다.

그래서 인류는 오래전부터 가정의 연장선으로 학교를 설립했다. 사회적이고 협동적이며 인류 복지에 관심을 두도록 훈련하기 위해 학교를 활용하는 것은 당연한 처사다.

우리는 사회 발전에 공헌한 사람들 덕분에 현재 문화를 누리고 있다. 그들이 협동적이지 않고 타인에게 관심이 없으며 전체를 위해 아무런 공헌도 하지 않았다면 어땠을까? 그들의 삶은 무익하고 그들은 지구 상에서 흔적도 없이 사라졌을 것이다. 오직 사회에 공헌한 사람들의 발자취만이 이 세상에 남아 있다. 그들의 정신은 계속 살아 있고 영원히 그럴 것이다.

이런 생각을 어린이 교육의 토대로 삼는다면 아이들은 자연스럽게 협동적인 일을 좋아하며 자랄 것이다. 그들은 곤경에 처해도 약해지지 않을 것이다. 또한 만만치 않은 문제를 만나도 용감하게 직시하며 모두에게 유익한 방식으로 해결할 것이다.

아들러의 Key Sentence

"범죄자를 다른 사람들과 완전히 다른 부류의 인간이라고 규정하기는 힘들다. 어떤 인간도 완벽한 협동이나 사회적 감정을 보여 주지는 못하기 때문이다. 범죄자는 실패의 심각성이라는 면에서만 일반인들과 다를 뿐이다."

"범죄자들은 자신을 용감하다고 생각하지만, 이런 생각에 공감할 정도로 어리석은 사람은 없다. 범죄는 겁쟁이들이 영웅적인 행동을 흉내 내는 짓에 불과하다."

"범죄자들의 생애를 거슬러 올라가 보면, 거의 모든 문제가 어린 시절의 가정생활 경험에서 시작된 것을 알 수 있다. 중요한 것은 환경 그 자체가 아니었다. 범죄자들은 어린 시절의 가정 환경을 잘못 이해했고, 이런 오해를 풀어 줄 사람도 없었다."

"범죄를 예방하려면 협동에 대한 올바른 훈련이 필요하다. 이 점이 제대로 인식되지 않는다면 범죄라는 비극을 피할 수 없을 것이다."

PART 4

아이들의 역할 놀이에
주목하라

직업 문제

Children's games can give us an insight into their interests.
어린이들의 놀이는 그들의 관심사를 알려 준다.

〈김춘경의 아들러 읽기〉 – 공동 이익에 이바지하지 못하면 천재가 아니다

• 당신은 어릴 적에 어떤 놀이를 즐겨 하고 놀았는가?

• 그 놀이와 지금 직업과의 관련성은 어떠한가?

• 당신은 직업을 통해 목표를 성취하고 있는가?

아들러의 이론은 단순하면서도 분명하고 깊은 통찰에서 나왔다. 인간은 세상을 살면서 직업, 우정·공동체, 결혼의 세 가지 관계를 맺게 된다. 대부분 인생 문제도 이 세 가지 관계에서 발생한다. 이 세 가지 관계는 독립적으로 존재하는 것이 아니라 서로 연결되어 있다.

직업은 생존뿐만 아니라 자기실현과 발전을 가능하게 하는 우월 추구의 욕구 만족을 위해서도 매우 중요하다. 어른들은 아이들에게 "커서 뭐가 되고 싶니?"라는 질문을 자주 한다. 아들러는 어린이들에게 어린 시절부터 진로에 대

한 포부나 직업에 대한 관심을 갖게 해야 하고, 어린이들이 장래 직업에 대한 준비를 충분히 해야 한다고 강조했다. 직업 준비로는 어린이의 관심사, 흥미, 재능 등을 고려해 이에 적합한 진로를 선택하게 하는 것과 다른 사람들과 협동할 수 있는 능력을 훈련하는 것 등이 있다.

어린 시절부터 직업에 관심을 가지고 장래의 꿈을 키운 사람과 대학에 들어가면서 진로를 준비한 사람은 분명히 차이가 있을 것이다. 아들러는 직업과 관련해 어린아이의 역할 놀이를 중요하게 생각했다. 일반적으로 어른들은 아이들의 놀이를 무시하고 방해하는 경우가 많다.

본문에 제시된 사례처럼 아이들은 바느질 놀이를 하면서 수많은 능력을 개발할 수 있다. 하지만 부모가 바느질 놀이를 그만두게 하면 아이는 바느질을 통해 배울 수 있는 능력을 개발하지 못하게 된다. 남자아이들이 소꿉놀이를 하지 못하게 된다면 요리하면서 배울 수 있는 능력 개발에 방해를 받는 것이다.

아이들은 자신들이 하고 싶은 놀이를 선택해서 논다. 이 과정에서 아이들은 자발성, 선택 능력, 결정 능력, 상상의 세계로의 몰입, 새로운 역할의 탐색과 시도, 모험 경험 등을 하게 된다. 자발적 놀이를 통해 익히는 다양한 역할은 언어와 사회성 발달은 물론이고 대인 관계 능력과 협동 능력을 향상하는 데 큰 도움을 준다. 아이들은 놀이를 통해 우월한 경지에 이를 수 있는 역량 강화 훈련을 받는 것이다. 전쟁놀이를 즐겨 했던 김유신 장군이나 만들기를 좋아했던 에디슨 등 많은 위인은 어린 시절부터 놀이를 통해 재능을 키웠다.

놀이는 아이들의 생활 양식도 보여 준다. 학교 놀이를 할 때 교사 역할을 원하는 아이가 있고, 처음부터 문제아 역할만 하려는 아이도 있다. 인형 놀이를 할 때도 엄마와 아빠가 되려는 아이가 있는 반면에 갓난아이 역할만 하고 싶어 하는 아이가 있다. 놀이할 때마다 적극적이고 주도적이며 협동적인 역할보다는 회피적이고 의존적인 역할만을 고집하는 아이들은 그것이 자신의 생활 양식과 일치하기 때문이다. 이러한 아이들은 놀이에서만이 아니라 다른 삶의 현장에서도 그런 생활 태도를 보인다. 따라서 놀이를 통해 알 수 있는 잘못된 생활 양식을 파악하고, 그것을 수정해 주는 노력이 필요하다. 이것은 직업 훈련에서도 필요한 작업이다.

천재에 대한 아들러의 의견도 매우 흥미롭다. 아들러는 아무리 유능하고 뛰어난 재주를 가지고 있어도 인류 공동의 이익에 이바지하지 못하면 천재가 아니라고 보았다. 한 예로 다이너마이트와 많은 무기를 발명한 노벨(Alfred B. Novel)을 들 수 있다.

스웨덴 태생인 노벨은 영어, 프랑스어, 독일어, 러시아어 등 여러 나라 언어에도 능통했고, 문학에도 소질이 있어 영어로 시를 쓰기도 했다. 노벨은 크고 작은 전쟁이 끝나기를 바라면서 다이너마이트를 비롯한 강력한 무기를 개발했고, 명성과 재물을 얻었다. 어느 날, 신문 기자의 실수로 노벨 형의 사망이 노벨의 사망으로 잘못 보도되었다. 기사를 본 노벨은 충격을 받았다. 기사는 그의 발명품들이 사회를 더 위험에 빠뜨렸고, 사람들에게 더 큰 공포를 안겨다 주었다는 내용이었다. 평화주의자였던 노벨은 여생을 사회에 이바지하는 데 보냈다. 재산의 많은 부분을 사회 발전 기금으로 기부했고, 인류 발전과 평화에 이바지한 사람들을 격려하기 위해 노벨상을 제정하기도 했다.

사회에 이바지하지 않는 재능은 자신은 물론이고 사회에도 해가 될 수 있다. 자신의 재능이 사회 발전과 인류 복지에 이바지할 수 있어야 한다는 목적을 지니고, 이 목적을 달성하기 위해 노력한다면 우리 사회는 더욱 행복해질 것이다.

1. 인간의 영원한 세 가지 숙제

인간이 맺고 있는 세 종류의 관계(tie)는 세 종류의 인생 문제를 제기한다. 하지만 이 세 가지 문제는 따로따로 해결할 수 없다. 각 문제를 해결하려면 다른 두 가지 문제에 대한 성공적인 접근이 필요하다.

첫 번째 관계는 직업(occupation, work)의 문제를 제기한다. 우리는 지구에 살면서 한정된 자원과 대지의 생산력 및 광물, 그리고 기후와 공기에 적응해야 한다. 인류의 근본적인 과제는 이런 자연조건이 우리에게 제기하는 각종 문제에 대해 올바른 대답을 찾는 일이었다. 인류는 이런 문제들을 해결하는 데 어느 정도는 성공했다. 하지만 더 많은 향상과 성취를 위한 기회는 여전히 열려 있다.

두 번째 관계는 사회적 교류(society, friendship)의 문제를 제기한다. 직업의 문제를 해결하는 가장 좋은 방법은 이 두 번째 문제를 해결하는 데서 나온다. 우리는 필연적으로 타인들과 연계되어 살아야 한다. 만약 내가 지구에 사는 유일한 인간이라면 나의 태도와 행동은 완전히 다를 것이다. 하지만 우리는 항상 타인들을 고려하고 그들에 대한 관심을 유지하면서 살아야 한다. 이 문제를 가장 잘 해결할 방법은 바로 교우 관계, 사회적 감정, 그리고 협동이다.

우리가 분업(division of labor)의 가치를 알 수 있었던 것은 협업(cooperation, 협동)하는 법을 배웠기 때문이다. 인류의 복지를 위해 가장 중요한 안전장치를 확보한 것이다. 만약 모든 인간이 서로 협력하지 않고 과거의 협동에서 얻은 혜택과 성과를 이용하지 않으면서 혼자 힘으로 살아가려고 시도한다면, 인간의 생명을 보존하는 것은 불가능할 것이다.

인간은 분업을 통해 갖가지 훈련의 성과를 이용하고 수많은 능력을 조직화할 수 있다. 또한 이를 통해 공동의 복지에 이바지하고 모든 사회 구성원에게 확대된 기회를 보장할 수 있다. 분업이 충분히 발달한 것은 아니지만 직업의 문제를 해결하기 위한 모든 시도는 분업과 협업이라는 틀 안에서 이루어져야 한다.

일부 사람은 직업의 문제를 회피하기 위해 일하는 것 자체를 외면하거나 인간의 일반적인 관심 영역에서 벗어난 것에 몰두한다. 이것은 사실상 주변 사람들의 지원을 요구하는 것이다. 이런 사람들은 아무런 헌신도 하지 않은 채 어떤 식으로든 다른 사람의 노동에 기대어 먹고사는 것이다. 이런 태도가 바로 응석받이형 인간들의 생활 양식이다. 응석받이들은 자신에게 문제가 발생할 때마다 다른 사람들의 노력으로 문제를 해결하려고 한다. 협동을 방해하는 부류는 대부분이 응석받이들이다.

세 번째 관계는 인간이 남성과 여성이라는 두 가지 성별 가운데 어느 한쪽에만 속해 있다는 사실과 관련이 있다. 인류의 존속에 있어서 개인의 임무는 이성에게 접근해 성적인 역할을 완수하는 것이다. 남성과 여성의 이런 관계는 사랑과 결혼의 문제를 제기한다. 이 문제도 다른 인생 문제들과 분리된 채로는 해결할 수 없다.

사랑과 결혼이라는 문제를 성공적으로 해결하려면 공동의 이익에 이바지하는 직업이 필요하다. 아울러 다른 사람들과의 바람직하고 우호적인 교제도 필수적이다. 앞에서 이미 보았듯이 우리 시대에서 이 문제에 대한 가장 바람직한 해결책 — 사회와 분업의 요구 사항들을 가장 잘 충족할 수 있는 해결책 — 은 일부일처제다. 개인들 간의 협동 수준은 이 문제를 해결하는 방식 속에서 특히 명료하게 드러난다.

이 세 가지 문제는 서로 영향을 미친다. 어느 한 가지 문제의 해결은 다른 문제들의 해결에 도움을 준다. 사실 이 세 가지 문제는 같은 상황과 문제의 다른 국면들이라고 할 수 있다. 인류가 생명을 보존하고 번성하기 위해 반드시 해결해야 하는 문제들이다.

2. 어린 시절의 관심사와 직업 훈련
어머니는 최초의 훈련 책임자

다시 한 번 강조하지만 여성은 어머니라는 이름으로 인류의 삶에 크게 이바지한다. 자녀들을 유능하고 헌신적인 사회 구성원으로 양육하고, 자녀들에게 협동하는 법을 훈련시킨다면 말이다. 이러한 역할은 너무도 귀중한 것이라 많은 보상을 받아도 충분하지 않다.

하지만 우리 문화 속에서 어머니의 역할은 과소평가되고 있다. 심지어 매력적이지 않거나 무가치한 직업으로 간주하기도 한다. 어머니 역할에 대한 보수는 간접적으로만 지급되고, 어머니 역할을 전업으로 삼는 여성은 대개 경제적으로 남에게 의존해야 한다. 하지만 가족의 성공은 어머니의 역할과 아버지의 역할 모두에 동등하게 달려 있다. 어머니가 전업주부이든 아니면 다른 직업이 있든, 어머니의 역할은 아버지의 역할만큼이나 중요하다.

어머니는 직업에 대한 자녀의 관심에 최초로 영향을 미치는 사람이다. 생후 4~5년 동안의 노력과 훈련은 자녀가 성인이 되어 활동하는 주된 영역에 결정적인 영향을 미친다. 나는 취업 지도에 관한 요청을 받으면 언제나 상대방의 어린 시절과 당시의 관심사가 어떠했는지를 물어본다. 어린 시절에 대한 기억은 당시 가장 일관되게 훈련받은 분야가 무엇이었는지를 결정적으로 드러낸다. 초기 기억의 중요성에 관해서는 나중에 다시 언급하겠다. 다음 단계의 훈련은 학교에서 이루어진다. 내가 보기에 요즘 학교들은 학생들의 다양한 능력과 기능을 훈련하는 데 더욱 신경 쓰고 있다. 이런 훈련은 학과목을 가르치는 것만큼이나 중요하다. 학과목을 가르치는 것도 학생들의 직업 능력 개발을 위해 중요하다.

성인이 되면 학창 시절에 배웠던 라틴어나 프랑스어를 잊어버리기 쉽다. 그런데도 이런 교과목을 가르치는 것은 여전히 올바른 방침이다. 우리는 이런 교과목들을 공부하면서 인류의 축적된 경험을 배우고, 이를 통해 정신의 온갖 기능을 훈련할 수 있는 탁월한 방법을 발견해 왔다. 일부 학교에서는 공예나 수예를 가르치는 데 신경을 쓰고 있다. 이런 방식으로도 학생들의 경험을 넓히고 자신감을 높여 줄 수 있다.

어린이에게 장래의 포부를 물어보라

어린이들에게 장래에 무엇이 되고 싶으냐고 물어보면 대다수는 쉽게 대답할 것이다. 하지만 어린이들의 답변은 대부분 명료하게 생각한 끝에 나온 것이 아니다. 그들은 자신이 왜 그런 직업을 선택했는지 정확히 알지 못한다.

우리의 과제는 어린이들의 동기를 확인하고 그들의 노력이 지향하는 방향을 알아내는 것이다. 또한 무엇이 어린이들을 앞으로 나아가게 하고, 어린이들이 어떤 종류의 목표를 가지고 있으며, 그 목표를 어떻게 실현할 수 있다고 느끼는지를 밝혀내는 것도 우리의 과제다. 장래의 직업에 대한 어린이들의 답변은 자신의 우월성을 상징한다고 생각하는 한 가지 직업만을 보여 줄 뿐이다. 하지만 답변으로 제시된 그 직업을 통해 어린이들의 목표 실현을 도울 다른 기회들도 확인할 수 있다.

열두 살에서 열네 살 사이의 어린이들은 장래의 직업에 대해 훨씬 더 명확하게 알고 있어야 한다. 하지만 나는 안타깝게도 이 나이의 아이들에게 장래의 포부를 잘 모르겠다는 이야기를 자주 듣는다. 포부가 없는 것처럼 보이는 이런 태도가 어떤 것에도 흥미를 느끼지 못한다는 의미는 아니다. 그들의 야망은 크지만 그것을 자신 있게 드러낼 만한 용기가 부족한 것인지도 모른다. 우리는 그런 어린이들의 주된 관심사와 훈련 방법을 찾아내기 위해 노력해야 한다.

어떤 청소년들은 고등학교를 졸업할 때에도 여전히 진로 문제로 고민한다. 그들은 우수한 학생들인 경우가 많다. 하지만 자신의 인생을 어떻게 풀어가야 할지에 대해 확고한 생각이 없는 것이다. 이런 청소년들은 야심이 크지만 협동 능력은 부족하다. 그들은 사회의 분업 체계 속에서 자신의 위치를 찾지 못하고, 자신의 야망을 실현할 수 있는 실제적인 방법도 찾지 못하는 것이다.

그러므로 이른 시기에 어린이들에게 장래의 포부를 물어보는 게 바람직하다. 나는 학교를 방문할 때마다 학생들에게 장래의 포부에 관한 질문을 던진다. 그러면 학생들은 질문에 관해 생각해 보게 되고 대답을 피할 수도 없게 된다.

나는 학생들에게 왜 그런 직업을 선택했는지도 물어본다. 학생들의 답변은 시사하는 바가 아주 많다. 학생들이 선택한 장래 직업을 통해 그들의 생활 양식 전체를 관찰할 수 있다. 학생들의 대답은 그들의 모든 노력이 지향하는 주된 방향과 그들이 인생에서 가장 높이 평가하는 것이 무엇인지를 보여 준다.

우리는 학생들이 자신의 선택을 나름대로 평가하도록 허용해야 한다. 왜냐하면 우리도 오늘날의 분업 체제에서 직업의 귀천이나 우열을 평가할 절대적인 기준을 가지고 있지 않기 때문이다. 나중에 학생들이 원하던 분야에서 일하면서 타인의 복리에도 이바지한다면, 그들은 다른 사람들과 마찬가지로 유익하고 중요한 존재가 되는 것이다. 그들의 과제는 분업 체제의 틀 안에서 자신을 부양하고 개인적 관심사를 추구하기 위해 자신을 훈련하는 것이다.

어떤 직업이라도 선택할 수 있지만 여전히 만족하지 못하는 사람들이 있다. 이런 사람들이 원하는 것은 직업이 아니라 쉽게 우월성을 보장받는 것이다. 그들은 삶의 문제들에 직면하고 싶어 하지 않는다. 왜냐하면 인생이 자신들에게 여러 가지 골칫거리를 안겨 주는 것 자체가 부당하다고 느끼기 때문이다. 이들은 타인의 지원을 받아야만 행복해한다.

대다수 사람은 생후 4~5년 동안에 익숙해진 삶의 방향을 잊지 못한다. 하지만 그들은 경제 형편이나 부모의 압력 때문에 흥미를 느끼지 못하는 다른 직업을 선택할 수밖에 없었다고 생각한다. 이것은 어린 시절 훈련의 중요성과 영향력을 보여 주는 또 하나의 증거다.

최초 기억이 직업을 좌우한다

직업 지도를 할 때 최초 기억은 매우 신중하게 분석해야 한다. 만일 한 어린이의 최초 기억에서 시각적인 것에 대한 흥미가 나타나면, 그 아이는 눈을 이용하는 직업에 더욱 적합하다는 결론을 내릴 수 있다. 누군가가 말을 걸어온다든가, 바람 소리나 벨 소리에 관한 인상을 언급하는 어린이들도 있을 것이다. 이런 어린이들은 청각적인 유형이고 음악과 관련된 직업이 적합하다. 움직임에 관한 인상이 많을 수도 있다. 이런 기억을 떠올리는 사람들은 육체노동이나 여행을 요구하는 직업에 흥미를 느낄지도 모른다.

아이들의 역할 놀이에 주목하라

어린이들을 주의 깊게 관찰하면 그들이 어른이 되었을 때의 직업에 대비해 훈련하는 것을 종종 볼 수 있다. 많은 어린이가 기계와 기술에 커다란 흥미를 보인다. 이런 관심을 토대로 적합한 훈련을 제대로 받으면 나중에 그 분야에서 일할 수 있을 것이다. 어린이들의 놀이는 그들의 관심사를 알려 준다.

예를 들어 교사가 되고 싶어 하는 어린이들은 학교 놀이를 즐긴다. 어머니가 되고 싶어 하는 여자아이는 인형을 가지고 놀면서 아기들을 좀 더 자상하게 대하도록 자신을 훈련한다. 어머니의 역할에 대한 이 같은 관심은 격려해 주어야 한다. 여자아이들이 인형을 가지고 노는 것을 걱정할 필요가 없다. 어떤 사람들은 여자아이가 인형을 너무 많이 가지고 놀면 현실과 동떨어지는 것이 아닐까 걱정한다. 하지만 그 아이는 어머니의 임무를 완수하는 훈련을 하는 것이다. 이런 훈련은 가능한 한 일찍 시작하는 게 중요하다. 그렇지 않으면 그들의 마음이 이미 다른 관심사들로 채워져 있을지도 모르기 때문이다.

잠재적 잘못, '과학적'으로 고치자

지도자 역할을 절대 원하지 않는 어린이들도 있다. 이런 아이들의 주된 관심은 자신을 종속적인 위치에 두고 우러러볼 수 있는 지도자를 찾는 것이다. 그 대상은 어른이 될 수도 있고 다른 아이가 될 수도 있다. 하지만 이것은 그리 바람직한 태도가 아니다. 이런 순종적인 성향을 약화시키는 것이 오히려 나을 것이다.

이런 성향이 있는 아이들은 어른이 되었을 때 지도자의 역할을 맡지 못하고 말단 공무원 같은 지위를 선택할 것이다. 온종일 판에 박힌 업무를 처리하고, 모든 절차가 오로지 규정대로만 진행되는 일자리를 선택하는 것이다.

일을 피하고 나태해지려는 성향도 어린 시절에 시작된다. 이런 아이들이 어려운 상황으로 빠져들고 있다면 잘못의 원인을 과학적인 방법으로 찾아내고 과학적인 수단으로 교정해야 한다. 만약 우리가 일하지 않고도 먹고살 수 있는 행성에 살고 있다면 게으름이 미덕이고 근면함은 악덕일 것이다. 하지만 지구에 살고 있는 한, 인간은 일하고 서로 협동하며 사회에 공헌해야 한다.

천재는 관심과 협동의 산물

대부분 천재는 어린 시절의 초기부터 훈련을 받아 왔다. 따라서 나는 천재의 사례가 초기 훈련이라는 주제에 빛이 될 것으로 믿는다. 인류 공동의 이익에 크게 이바지한 천재들만이 천재로 불린다. 인류에게 아무런 혜택도 남기지 않은 천재는 천재가 아니다.

예술은 가장 협동적인 사람들의 산물이다. 위대한 천재들은 인류 문화의 전반적인 수준을 끌어올렸다. 호메로스가 자신의 서사시에서 언급한 색상은 단지 세 종류뿐이다. 이 세 가지 명칭으로 온갖 색깔의 미묘한 차이를 표현할 수밖에 없었다. 당시 사람들은 더 많은 색상의 차이를 구별할 수 있었지만, 그 차이가 미미하다고 생각해 별도의 명칭을 붙이지 않았다.

그렇다면 오늘날 우리가 온갖 색상을 구별할 수 있도록 가르쳐 준 사람들은 누구일까? 바로 미술가들과 화가들이다. 작곡가들은 우리의 청각을 놀랄 정도로 세련되게 만들어 주었다. 오늘날 우리가 조화로운 음조로 노래할 수 있는 것은 음악가들 덕분이다. 음악가들은 우리의 정신을 풍요롭게 만들고 우리의 귀와 목소리를 훈련시켜 주었다.

또 누가 우리의 감정을 깊어지게 하고, 우리의 느낌을 명료하게 표현하며 더욱 충분히 이해하도록 가르쳐 주었을까? 바로 시인들이다. 시인들은 언어를 풍부하고 융통성 있게 만들었다.

모든 인간 가운데 천재들이 가장 협동적이었다는 사실에 대해서는 의문의 여지가 없다. 천재들의 개별적인 행동과 태도의 몇몇 측면에서는 협동 정신을 찾아보기 어려울지도 모른다. 하지만 그들 인생 전체에서는 협동 능력을 명확하게 볼 수 있다. 천재들에게는 협동한다는 것이 다른 사람들처럼 쉽지만은 않다. 왜냐하면 천재들은 보통 사람들과 달리 힘든 길을 선택해 걸어 왔고, 수많은 장애물과 싸워야 했기 때문이다.

대부분 천재는 심각한 육체적 결함을 안고 인생을 시작한 경우가 많다. 어린 시절부터 혹독한 시련이 있었지만 이에 굴복하지 않고 역경을 이겨 낸 것이다. 천재들은 흥미를 느끼는 분야를 아주 일찍 드러냈고 어린 시절부터 열정적으로 자신을 훈련했다. 그들은 자신의 여러 감각을 예민하게 가다듬었다. 이를 통해 여러 문제를 깊이 있게 접하고 이해할 수 있게 된 것이다.

치열한 조기 훈련을 고려한다면 그들의 예술성과 천재성은 과분한 선물이 아니라 각고의 노력에 의한 창조물이라는 결론을 내릴 수 있다. 오늘날 우리는 천재들의 피눈물 어린 노력의 결실을 누리는 것이다.

칭찬과 격려의 힘

초기의 노력은 훗날 성공의 가장 좋은 토대가 된다. 서너 살 정도 된 여자아이가 혼자 놀고 있다고 가정해 보자. 이 아이는 인형에게 씌울 모자를 만들기 위해 바느질을 시작한다. 어떤 사람이 아이가 만든 모자를 보고 아주 멋지다고 칭찬하면서 더 잘 만들 수 있는 방법을 알려 준다. <u>용기를 얻고 자극을 받은 아이는 더 노력하게 되고 재능을 향상시킬 수 있다.</u>

하지만 어떤 사람이 그 아이에게 이렇게 말했다고 하자. "바늘을 당장 내려놔! 찔릴 수도 있어. 모자를 직접 만들 필요가 있니? 다른 데서 훨씬 더 멋진 모자를 사면 될 텐데." 아이는 노력을 포기할 것이다.

세월이 흐른 뒤 앞에서 제시한 여자아이의 경우를 비교해 본다고 치자. 아이가 바느질을 하면서 용기를 얻었다면 그 분야의 직업에 관심을 두고 있을 것이다. 하지만 바느질을 포기한 경우에는 자신이 무슨 일을 해야 좋을지를 모르고, 직접 만든 것보다 더 좋은 물건을 언제든지 살 수 있다고 생각할 것이다.

3. '돈'이 직업의 전부가 되어서는 안 된다

마음의 준비 없이 질병이나 죽음과 맞닥뜨린 어린이들은 이런 문제에 예민한 관심을 보인다. 이런 아이들은 의사나 간호사, 혹은 화학자가 되고 싶어 한다. 나는 이런 노력을 격려해 주어야 한다고 생각한다. 왜냐하면 이렇게 의사가 된 사람들은 아주 어린 시절에 훈련을 시작했고, 자신의 직업에 만족감을 느끼기 때문이다. 어떤 아이들은 예술적 창조 행위를 통해 죽음을 넘어서겠다는 야망을 품거나 때로는 독실한 종교인이 되기도 한다.

어린이들은 가족의 다른 구성원, 특히 부모를 능가하려는 시도를 자주 한다. 신세대가 구세대를 앞서기 위해 노력하는 것은 반가운 현상이다. 아이들이 아버지의 직업과 관련해 아버지를 능가하고 싶어 한다면 훌륭한 출발점이 될 수 있다. 예를 들어 아버지가 경찰관인 자녀들은 변호사나 판사가 되려는 경우가 흔하다. 아버지가 병원 원무과 직원이라면 자녀들은 내과 의사나 외과 의사가 되기를 원한다. 또 아버지가 교사라면 자녀들은 대학교수가 되고 싶어 한다.

가정생활에서 돈의 가치를 지나치게 강조하면 아이들은 수입의 관점에서만 직업 문제를 생각하기 쉽다. 이것은 심각한 문제다. 이런 경우 아이들은 인류에 공헌할 수 있는 다른 관심사를 따르지 않기 때문이다.

물론 모든 사람은 생활비를 벌어야 한다. 하지만 어린이들이 오로지 돈을 버는 일에만 관심을 쏟는다면 협동의 길에서 벗어나 개인적 이익만 찾아다닐 것이다. 그러다가 다른 사람들을 속이고 강탈해 돈을 벌려고 할 것이다. 이렇게 극단적인 경우가 아닐지라도 삶의 목표와 결부된 사회적 관심이 아주 낮은 수준이라면 많은 돈을 번다 해도 인류에게 혜택이 되지 못할 것이다.

지금처럼 복잡한 시대에는 이런 방식으로 부유해지고 성공하는 것도 가능하다. 잘못된 삶의 방식도 때로는 성공한 것처럼 보인다. 올바른 자세로 삶을 헤쳐 나가는 사람들은 바로 성공을 거두기가 힘들다. 하지만 그들은 용기를 간직한 채 자긍심을 잃지 않을 것이다.

어떤 사람은 교우와 사랑 문제를 회피하기 위한 구실로 직업을 이용한다. 연애와 결혼 문제를 피하기 위해 자신의 일에 과장되게 몰두하는 것이다. 때로는 결혼 생활의 실패를 변명하기 위해 그런 행동을 이용하기도 한다. 예를 들어 남편이 직장 일에 미친 듯이 몰두하면서 이렇게 생각하는 것이다. "나에게는 결혼 생활에 할애할 시간이 없다. 그러니 우리 부부가 불행한 것은 내 책임이 아니다."

특히 신경증 환자들이 교우와 사랑 문제를 회피하려고 애쓴다. 그들은 이성에게 접근하지 않고 접근한다 해도 실수를 저지른다. 친구도 없고 다른 사람들에게 관심도 없다. 그러면서 밤낮으로 자신의 일에만 몰두한다. 신경증 환자들은 항상 일을 생각하고 잠을 자면서도 일에 관한 꿈을 꾼다. 과다한 일로 자신을 긴장 상태에 몰아넣는다. 과민한 상태다 보니 위장 질환 같은 신경증 징후가 나타난다. 그러면 그들은 위장 질환 때문에 친구를 사귀지 못하고 연애도 할 수 없다고 생각하는 것이다.

어떤 사람들은 직업을 자주 바꾼다. 그들은 더 좋은 일자리를 언제든지 생각해 낼 수 있다. 하지만 실상은 한 직장에 계속 다니지 못하고 늘 이리저리 옮겨 다닐 수밖에 없는 것이다.

4. 해결책은 '훈련'에 있다!

　우리는 문제 아동들의 주된 관심사를 찾아내야 한다. 그래야 좀 더 수월하게 문제 아동들을 도와줄 수 있다. 직업을 정하지 못한 젊은이들이나 직장 생활 혹은 사업에 실패한 사람들의 경우에도 그들의 진정한 관심사를 찾아내 직업 지도의 기초로 활용해야 한다. 동시에 일자리를 찾아 주는 노력도 병행해야 한다.

　오늘날의 높은 실업률은 심각한 수준이다. 따라서 협동의 중요성을 인식한 모든 사람이 근로 의욕이 있는 사람들 모두에게 일자리를 제공할 수 있도록 최선을 다해야 한다. 직업 훈련 학교나 기술 학교 혹은 성인 교육 시설 등을 확충하는 것도 도움이 될 것이다. 상당수 실업자는 훈련되어 있지 않고 기술도 없다. 일부 실업자는 사회생활에 대한 관심도 거의 없다.

　훈련되지 않은 사회 구성원이 많아지면 인류 전체에도 큰 부담이 된다. 이런 사람들은 자신을 쓸모없고 불이익을 당하는 인간이라고 느낀다. 범죄자, 신경증 환자, 자살자들 가운데 훈련을 못 받고 기술도 없는 사람의 비율이 높은 것은 어쩌면 불가피한 현상이다. 따라서 부모와 교사, 그리고 인류의 발전에 관심이 있는 사람들은 어린이들에게 더 바람직한 훈련을 할 수 있도록 노력해야 한다.

"우리가 분업(division of labor)의 가치를 알 수 있었던 것은 협업 (cooperation, 협동)하는 법을 배웠기 때문이다. 인류의 복지를 위해 가장 중요한 안전장치를 확보한 것이다. 만약 모든 인간이 서로 협력하지 않고 과거의 협동에서 얻은 혜택과 성과를 이용하지 않으면서 혼자 힘으로 살아가려고 시도한다면, 인간의 생명을 보존하는 것은 불가능할 것이다."

"훈련되지 않은 사회 구성원이 많아지면 인류 전체에도 큰 부담이 된다. 이런 사람들은 자신을 쓸모없고 불이익을 당하는 인간이라고 느낀다. 범죄자, 신경증 환자, 자살자들 가운데 훈련을 못 받고 기술도 없는 사람의 비율이 높은 것은 어쩌면 불가피한 현상이다."

"부모와 교사, 그리고 인류의 발전에 관심이 있는 사람들은 어린이들에게 더 바람직한 훈련을 할 수 있도록 노력해야 한다."

PART 5
나와 당신은 하나입니다

The Individual and
Society

?

개인과 공동체

There is no need to fight, criticize and undervalue each other.
서로 싸우고 비난하고 무시할 필요가 없다.

〈김춘경의 아들러 읽기〉 – '진정한 동반자'를 위한 관계 맺기

• 당신은 타인을 기쁘게 해 주기 위해 어떠한 노력을 하는가?

• 당신이 관계 맺기 힘든 사람은 누구인가? 그들의 어떤 특성 때문에 관계 맺기가 힘들다고 생각하는가?

• 당신에게는 평생 함께하고 싶은 친구가 있는가?

인간은 나이가 들면서 가족의 울타리를 넘어 점점 더 큰 사회로 나가게 된다. 학교 공동체와 다양한 지역 사회 공동체에서도 협동 능력이 필요하다. 아들러는 협동의 증진만이 인류의 궁극적인 목표라고 했다. 협동 없이 이룰 수 있는 것은 없기 때문이다. 인류의 번성과 발전은 동료에 대한 관심을 통해 이루어진다.

다른 사람들과 협동한다면 더 큰 성취를 이룰 수 있고 사회적 감정도 더불어

향상될 것이다. 협동만이 인류의 문제를 해결할 수 있는 최고의 방법이다. 전쟁이나 전염병 등은 한 사람이 해결할 수 있는 문제가 아니다. 많은 사람이 협동해야만 이겨 낼 수 있다.

관계 맺기에 실패한 사람들이 있다. 이들은 협동으로 더욱 발전하는 것과 타인들의 발전까지 방해한다. 자신들이 남보다 우월해야 한다고 생각하기 때문에 타인과의 협력을 원하지 않는다.

인류 최초의 살인자는 아담과 하와의 맏아들 가인이다. 가인은 자신의 제물이 아닌 동생 아벨의 제물이 하느님에게 열납된 것을 보고 화가 나서 아벨을 죽인다. 이후 하느님은 가인 앞에 나타나 "네 동생 아벨은 어디 있느냐?"라고 묻는다. 가인은 "제가 동생을 지키는 사람입니까? 저는 동생이 어디 있는지 모릅니다."라고 대답한다. 이 대목을 인용하면서 아들러는 우리 모두가 동생, 이웃, 동료를 지키는 사람이 되어야 한다고 주장했다.

이기심으로 가득 찬 사람들에게는 진심, 신뢰, 협력을 기대하기 어렵다. 그들은 오직 자신의 이익을 위해 거짓말, 협박, 회유, 위선적 협조 등을 가리지 않는다. 이런 사람들이 공동체에서 지위를 가지고 있다면 피해를 보는 사람들이 많아지고 공동체의 발전도 기대하기 어렵다. 아들러는 자신의 이익만을 위해 살고 개인의 우월 추구를 목표로 삼는 사람들을 범죄자나 정신 질환자들과 같은 생활 양식을 가진 자로 보았다. 그들의 행동, 사고, 생활 양식은 정도의 차이가 있을 뿐 기본적으로 비슷하다. 그들은 사회와 인류 복지에 아무런 이바지를 하지 못할 뿐 아니라 인류 발전을 저해한다.

아들러는 범죄적 태만도 관계 맺기를 방해하는 중요한 요소라고 했다. 물건을 어질러 놓거나 다른 사람 발을 밟거나 접시를 깨뜨리는 일 등은 누구나 할 수 있는 실수라고 가볍게 생각할 수 있다. 하지만 아들러는 남에게 피해를 줄 의도가 전혀 없었어도 부주의 때문에 타인에게 피해를 주었다면 그것은 범죄적 태만으로 협동 정신의 결핍에서 나온 결과라고 했다. 타인에게 피해를 주는 일에는 절대 관대해서는 안 된다는 경고의 말이다.

아들러는 "당신은 나의 진정한 동반자"라는 말을 듣는 것을 최대의 찬사라고 생각했다. 당신에게는 진정한 동반자가 있는가? 당신은 누군가의 진정한 동반자인가? 이 두 질문에 그렇다고 대답할 수 있다면 성공한 것이다. 우리는 누군가의 삶에 의미 있는 사람이 되도록 노력해야 한다.

1. 인류의 궁극적 목표는 협동의 증진

인류는 오래전부터 동료와 하나가 되기 위해 노력해 왔다. 타인에 대한 관심을 통해 인류가 번성하고 발전해 온 것이다. 가정은 타인에 대한 관심이 필수적인 조직체다. 인간은 태곳적부터 가족이라는 형태로 무리를 지으려는 성향을 보였다. 원시 부족들은 공동의 상징물(symbol)을 이용해 부족민들을 단합시키고 일체감을 부여했다. 상징물의 목적은 사람들을 협동 속에서 단결시키는 것이었다.

"네 이웃에게 관심을 두어라."

가장 단순한 형태의 원시 종교는 토템(totem, 부족 또는 씨족과 특별한 혈연관계가 있다고 믿어 신성하게 여기는 특정한 동식물 또는 자연물 — 역주) 숭배다. 어느 집단은 도마뱀을 숭배하고 또 다른 집단은 황소나 뱀을 신성하게 여긴다. 같은 토템을 숭상하는 사람들은 함께 모여 살면서 협력했고 서로를 형제라고 생각했다.

이런 관습은 협력 관계를 유지하기 위한 인류의 가장 오래된 수단 중 하나였다. 원시 종교들과 연계된 축제에는 같은 토템을 숭배하는 사람들이 참가해 농작물 수확 문제라든가 맹수나 악천후 대비 방법 등을 의논했다. 이것이 축제의 본래 의미였다.

결혼은 부족민 전체와 이해관계가 있는 행사였다. 모든 남성은 사회적 규약에 따라 다른 부족이나 다른 토템 집단에서 신붓감을 구해 와야 했다. 오늘날에도 결혼은 사적인 행사가 아니라 공동의 과제로 인식하는 것이 중요하다.

결혼에는 일정한 책임이 따른다. 결혼은 사회 전체에 의해 승인받는 행위이고, 사회는 건강한 아이들이 태어나서 협동 정신 속에 양육되는 데 관심을 두기 때문이다. 따라서 인류는 모든 결혼에 기꺼이 협력하는 자세를 보여야 한다.

오늘날의 우리 눈에는 원시 사회의 여러 제도 가운데 토템이나 결혼을 통제하기 위한 관습 등이 터무니없어 보일지도 모른다. 하지만 고대에 이런 제도와 관습은 매우 중요했다. 이런 제도와 관습의 진정한 목적은 인간의 협동을 증대시키는 것이었기 때문이다.

종교에 의해 부과되는 가장 중요한 의무는 언제나 "네 이웃을 사랑하라."였다. 여기서도 형태는 다르지만 동료에 대한 관심을 늘리려는 시도를 볼 수 있다. 이제는 이런 노력의 가치를 과학적인 견지에서도 확인할 수 있게 되었다는 점이 흥미롭다.

응석받이 어린이들은 우리에게 이렇게 묻는다. "내가 왜 이웃을 사랑해야 하나요? 이웃은 나를 사랑하나요?" 이런 질문을 통해 응석받이 어린이들이 협동에 관한 훈련을 받지 않았고 오로지 자신에게만 관심이 있다는 것을 알 수 있다. 인생에서 가장 큰 어려움을 겪고 있으면서 다른 사람들에게 가장 큰 피해를 주는 사람은 누구일까? 바로 동료에게 전혀 관심이 없는 사람이다.

세상에는 협동을 증대시키기 위한 종교적 · 정치적 운동이 많다. 나는 협동을 궁극 목표로 인정하는 인류의 모든 노력에 동의한다. 서로 싸우고 비난하고 무시할 필요가 없다. 누구도 절대 진리를 소유할 만큼 축복받은 사람은 없기 때문이다. 협동이라는 궁극적 목표로 이어지는 길은 여러 갈래다.

'협동'을 위한 정치적·사회적 운동

최고의 방법도 정치권에 편입되면 왜곡되고 악용될 가능성이 크다. 하지만 정치인들은 정치적 목표를 달성하려면 반드시 협동을 창출해야 한다. 모든 정치인은 반드시 인류의 향상을 최종 목표로 삼아야 한다. 인류의 향상이란 더 높은 수준의 협동을 의미한다.

우리는 어떤 정치인이나 정당이 인류의 향상을 가져올 수 있을지 판단할 준비가 되어 있지 않다. 개인이 각자의 생활 양식에 따라 판단하게 마련이다. 하지만 어떤 정당이 자기네 영역 안에서 즐거운 협동을 창출한다면 그런 정치 활동에 적대감을 느낄 이유가 없다.

사회 운동에 대해서도 마찬가지다. 어떤 사회 운동에 종사하는 사람들의 목표가 어린이들을 훌륭한 사회 구성원으로 길러내고 어린이들의 사회적 감정을 고양하는 것이라고 하자. 그렇다면 그 사회 운동이 자체적인 전통을 따르고 내부 문화를 장려하면서 최선이라고 생각하는 방향으로 법을 개정하려 해도 상관없을 것이다. 우리는 이러한 노력에 반대해서는 안 된다. 계급 운동 역시 집단 활동이고 협력 활동이다. 계급 운동의 목적이 인류의 향상이라면 편견을 가져서는 안 된다.

모든 정치적·사회적 운동은 동료에 대한 관심을 증대시킬 수 있는지를 기준으로 판단해야 한다. 그러면 협동의 확산을 돕는 길이 많다는 사실을 알게 될 것이다. 어쩌면 일부의 길이 다른 길보다 좋을 수도 있다. 협동이라는 목표가 같다면 최선이 아닐지도 모른다는 이유만으로 어느 한 방법을 공격해서는 안 된다.

2. 관심이 인간의 능력을 발달시킨다
이기적인 사람들, 타인의 시선을 피하다

우리는 오로지 이기심만으로 움직이는 사람들의 태도에 반대해야 한다. 이기적인 태도는 개인과 집단의 발전을 가로막는 최대 장애물이다. 인간의 모든 능력은 오직 동료에 대한 관심을 통해서만 발달할 수 있다. 말하고 읽고 쓰는 모든 행위는 다른 사람들과의 교류를 전제로 한다. 언어는 인류의 공동 창조물이고 사회적 관심의 결과물이다.

이해한다는 것은 어떤 의미를 공유한다는 것이지, 개인적 정신 기능을 말하는 게 아니다. 다시 말해 무엇인가를 이해한다는 것은 다른 모든 사람이 공유할 것으로 기대되는 방식으로 그것을 이해한다는 것을 의미한다. 이해란 공유된 매개체를 통해 우리 자신을 다른 사람들과 연결하는 행위고 인류의 공통적인 경험에 따르는 것이다.

오로지 자신의 이익을 좇고 개인적 우월 추구를 목적으로 삼는 사람들이 있다. 그들은 인생에 사적인 의미를 부여한다. 그들에게 있어서 삶은 오직 자신의 이익을 위해서만 존재해야 한다. 이런 인생관은 올바른 이해 능력에서 나온 것이 아니다. 세상의 누구와도 공유할 수 없는 사고방식이기 때문이다. 따라서 이기적인 사람들은 동료와 관계를 맺지 못한다.

자기중심적으로 성장한 어린이들은 가끔 얼빠진 표정을 짓는다. 범죄자나 정신 질환자들도 마찬가지다. 타인과 관계를 맺으려면 눈을 맞추는 게 필요한데, 이런 사람들은 그렇게 하지 않는다. 자기중심적인 사람들은 다른 사람들과 똑같은 방식으로 세상을 바라보지 않는다. 심지어 동료를 쳐다보지도 않으려고 한다. 그들은 시선을 돌리고 딴 데를 바라본다.

정신 장애, 타인에 대한 관심으로 치유하다

여러 신경증 증상에서도 이런 태도를 발견할 수 있다. 강박적 안면 홍조, 말 더듬기, 발기 불능, 혹은 조루 같은 증상에서 특히 눈에 띈다. 이 모든 증상은 다른 인간들과 유대감을 형성하지 못하는 무능력을 드러내는 것이다. 이는 타인에 대한 무관심에서 비롯된다.

가장 심각한 수준의 고립은 정신병을 통해 나타난다. 환자가 타인에게 관심을 보인다면 정신병도 불치병은 아니다. 하지만 정신 장애인이 느끼는 사회로부터의 거리감은 자살을 제외한 다른 어떤 신경증 증상보다도 심하다. 이런 환자는 우호적인 태도와 인내심으로 설득해 협동에 참여하게 해야 한다.

어느 날, 나는 정신 분열증을 앓고 있는 한 소녀를 치료해 달라는 부탁을 받았다. 소녀는 8년 동안 정신 분열증으로 고생해 왔고 마지막 2년간은 정신 병원에 입원해 있었다. 소녀는 개처럼 짖고 침을 마구 뱉었으며 자기 옷을 물어뜯었다. 이러한 증상들은 소녀가 다른 인간들에 대한 관심으로부터 얼마나 멀리 떨어져 있었는지를 보여 주었다.

나는 소녀가 개처럼 행동하는 이유를 이해할 수 있었다. 소녀는 어머니가 자신을 개처럼 취급해 왔다고 느꼈던 것이다. 소녀는 이렇게 말하고 있는 것 같았다. "저는 사람들을 만나면 만날수록 개가 되고 싶어요."

나는 8일 동안 계속해서 소녀에게 말을 걸었다. 소녀는 한마디 대답도 하지 않았다. 그래도 나는 소녀에게 계속 말을 걸었다. 30일 후 소녀는 혼란스럽고 알아들을 수 없는 방식이기는 했지만 말하기 시작했다. 나는 소녀에게 친구가 된 셈이고, 소녀는 여기서 용기를 얻었던 것이다.

이러한 유형의 환자들은 용기를 얻어도 그 용기로 무엇을 해야 할지를 모른다. 그들은 다른 사람들을 향한 저항감이 매우 강하다. 그들은 문제 아동들과 비슷해서 골칫거리가 되려고 온갖 못된 행동을 한다. 손에 닿는 것은 무엇이든지 부수어 버리려고 하거나 간호사를 때리기도 한다.

내가 소녀에게 또 말을 걸자 소녀는 나를 때렸다. 나는 어떻게 대응해야 좋을지 고심했다. 소녀를 놀라게 할 유일한 대응은 아무런 저항도 하지 않는 것이었다. 소녀는 육체적 힘이 강하지 않았다. 나는 소녀가 때려도 아무런 저항을 하지 않고 소녀를 다정한 시선으로 바라보았다. 내 이런 반응은 소녀의 모든 도전적인 태도를 없애 버렸다.

그래도 소녀는 되살아난 용기로 무엇을 해야 할지를 몰랐다. 소녀는 내 진료실 창문을 깨부수다가 유리에 손을 베었다. 나는 소녀를 책망하지 않고 다친 손에 붕대를 감아 주기만 했다. 환자가 폭력적인 행동을 할 때는 방에 감금하는 것이 일반적인 대응 방법이다. 하지만 이 소녀에게는 올바른 방법이 아니었다. 이런 환자를 설득하고 싶으면 다른 방법을 사용해야 한다.

정신 질환자에게 정상적인 사람의 행동을 기대해서는 안 된다. 정신 질환자들은 정상인과 같은 반응을 보이지 않기 때문에 그들은 대하는 사람은 짜증이 날 수밖에 없다. 정신 질환자들은 음식을 제공해도 먹지 않고 자신의 옷을 찢어 버리기도 한다. 이런 행동을 보일 때는 그냥 내버려두어야지, 달리 도울 방법이 없다.

소녀는 결국 회복되었다. 어느 날, 나는 예전에 소녀가 있었던 정신 병원에 가던 중에 거리에서 그녀를 만났다.

"어디 가세요?" 소녀가 물었다.

"나하고 같이 가자. 네가 2년 동안 있었던 병원에 가는 중이거든."

나와 소녀는 함께 병원으로 가서 예전에 그녀를 담당했던 의사를 만났다. 나는 그 의사에게 내가 다른 환자를 보는 동안 그녀와 이야기해 보라고 제안했다. 내가 돌아왔을 때 그 의사는 상당히 흥분한 상태였다.

그는 이렇게 말했다. "완전히 회복되었네요. 하지만 한 가지 섭섭한 점이 있습니다. 그녀가 나를 좋아하지 않는군요."

나는 지금도 가끔 그녀를 본다. 그녀는 10년째 건강한 상태를 유지하고 있다. 그녀는 생활비를 직접 벌고 다른 사람들과도 잘 어울린다. 그녀를 아는 사람들은 그녀가 정신병을 앓았던 적이 있다는 사실을 믿지 않을 것이다.

다른 사람들에 대한 거리감을 노골적으로 드러내는 두 가지 정신 질환은 편집증과 우울증이다. 편집증 환자들은 다른 모든 사람을 비난한다. 다른 사람들이 자신을 겨냥한 음모에 가담하고 있다고 생각하는 것이다.

반면, 우울증 환자들은 자기 자신을 비난한다. 예를 들어 우울증 환자들은 "내가 가족 전부를 망쳐 놓았다."라거나 "내가 전 재산을 날려 버려서 아이들이 굶어 죽을 판이다."라고 말한다. 하지만 어떤 환자가 자신을 비난한다면 그것은 단지 그의 겉모습일 뿐이다. 그는 실제로 다른 사람들을 비난하는 것이다.

상당히 유명하고 영향력도 있는 한 여성이 사고를 당하는 바람에 더는 사회생활을 할 수 없게 되었다. 그 여성에게는 딸이 세 명 있었지만 모두 결혼해서 집을 떠난 상태였다. 그녀는 심한 외로움을 느꼈다. 비슷한 시기에 그녀는 남편마저 잃었다. 전에 많은 사람의 관심과 사랑을 받았던 그녀는 잃어버린 것들을 대신할 만한 것을 찾으려 애썼다. 그녀는 해외여행을 하기 시작했다. 하지만 예전처럼 자신이 중요한 인물이라는 느낌이 들지 않았다. 결국 해외에서 지내던 그녀는 우울증을 앓기 시작했다. 그러자 새로 알게 된 친구들은 그녀를 떠나 버렸다.

그녀는 딸들에게 와 달라고 연락했다. 하지만 딸들은 이런저런 핑계를 대며 아무도 어머니를 찾아오지 않았다. 그녀가 집에 돌아왔을 때 가장 자주 했던 말은 "내 딸들이 전에는 무척 다정했었지."였다. 하지만 딸들은 어머니를 홀로 남겨 두었고 간호사가 그녀를 돌보도록 했다. 딸들은 어쩌다 한 번씩만 어머니를 찾아왔다. 그녀가 딸들에 관해 했던 말은 사실은 비난이었다. 집안 사정을 잘 아는 사람들은 모두 그렇게 해석했다.

우울증은 다른 사람들을 향한 분노와 비난의 감정이 오랫동안 지속되는 상태다. 우울증 환자들은 보살핌과 동정심, 도움을 얻을 목적으로 겉으로는 실의에 빠진 듯이 보일 뿐이다. 우울증 환자의 최초 기억은 대체로 이런 식의 내용이다. "나는 소파에 눕고 싶었지만 이미 소파에는 오빠가 누워 있었다. 내가 심하게 울어서 오빠는 비켜줄 수밖에 없었다."

우울증 환자들은 흔히 다른 사람들에게 복수하기 위해 자살한다. 따라서 의사들은 환자들에게 자살할 구실을 주지 않아야 한다. 나도 환자들의 긴장감을 덜어 주기 위해 그들에게 이렇게 제안한다. "당신이 좋아하지 않는 일은 절대로 하지 마세요."

이 원칙은 그리 대단해 보이지는 않을지 몰라도 문제의 근원을 파고들어 가는 방법이라고 확신한다. 우울증 환자들이 자신이 원하는 것을 자유롭게 할 수 있다면 누구를 책망할 수 있겠는가? 누군가에게 복수할 명분이 없어지는 것이다. 나는 환자들에게 이렇게 말한다. "극장에 가고 싶거나 휴가를 떠나고 싶으면 그렇게 하세요. 가는 도중에 생각이 바뀌면 그만두시고요."

이것은 누구라도 원할 만한 최고의 상황이다. 환자들의 우월 욕구를 충족해 주기 때문이다. 하지만 이런 상황은 환자들의 생활 양식에 그다지 부합하지는 않는다. 환자들은 다른 사람들을 지배하고 비난하고 싶어 한다. 그런데 다른 사람이 환자의 주장에 동의해 버리면 환자는 그를 지배하고 비난할 구실이 없어진다.

내 경우에 이런 접근 방법은 효과가 매우 컸다. 내 환자들 가운데는 자살자가 한 명도 없었다. 이런 환자들은 주변에서 누군가가 지켜봐 주는 것이 가장 좋은 방법이다. 하지만 일부 환자는 내 기대만큼 밀접하게 지켜봐 주는 보호자가 없었다.

내 제안에 환자들이 자주 하는 말이 있다. "하지만 저는 하고 싶은 일이 아무것도 없습니다."

이런 답변을 너무 많이 들어서 나도 미리 준비해 둔 말이 있다. "그러면 당신이 싫어하는 일을 하는 것은 삼가세요."

때로는 환자들이 이런 반응을 보일 때가 있다. "저는 온종일 침대에 누워 있고 싶어요."

나는 그것을 허락하면 환자들이 더는 그렇게 하고 싶어 하지 않는다는 것을 알고 있다. 그것을 허락하지 않으면 환자들이 전쟁을 시작할 것이라는 점도 알고 있다. 나는 항상 환자들 말에 동의해 준다. 그것이 한 가지 전략이다.

다른 전략은 환자들의 생활 양식을 훨씬 더 직접 공격하는 것이다. 나는 환자들에게 이렇게 말한다. "이 처방대로 따라 하면 14일 후에는 완치할 수 있습니다. 당신이 어떻게 하면 누군가를 기쁘게 해 줄 수 있는지를 매일 생각하도록 노력하는 것입니다." 이 말이 환자들에게 무엇을 의미하는지 상상해 보라! 환자들은 대개 "어떻게 하면 상대방에게 근심을 안겨 줄 수 있을까?"라는 생각에 빠져 사는 사람들이다.

어떤 환자들은 이렇게 말한다. "그것은 저한테는 아주 쉬운 일이에요. 평생 그런 일을 해 왔거든요."

그들은 절대 그런 일을 한 적이 없다. 나는 그들에게 그 문제를 생각해 보라고 부탁한다. 하지만 그들은 생각해 보지 않는다.

나는 또 이렇게 말한다. "밤에 잠이 오지 않을 때 당신이 어떻게 하면 누군가를 기쁘게 해 줄 수 있는지 생각해 보세요. 그러면 당신의 건강이 눈에 띄게 좋아질 것입니다."

나는 다음 날 환자들을 만나면 "저의 제안을 생각해 봤나요?"라고 물어본다. 그들은 "어젯밤에 침대에 올라가자마자 잠이 들었어요."라고 대답한다.

이 모든 치료 방식은 점잖고 다정한 태도로 이루어져야 한다. 조금이라도 고압적인 기색을 보여서는 안 된다.

어떤 환자들은 "저는 그런 일을 못 할 것 같아서 너무 걱정됩니다."라고 말한다. 나는 이렇게 대답해 준다. "걱정을 멈추지 마세요. 가끔은 다른 사람들에 관해서도 생각해 볼 수 있겠지요." 나는 환자들의 관심을 다른 사람들에게로 돌리고 싶은 것이다.

많은 환자가 하는 말이 있다. "왜 제가 다른 사람들을 기쁘게 해야 하나요? 다른 사람들은 저를 기쁘게 해 주려고 노력하지 않는데."

나는 이렇게 대답한다. "당신의 건강을 위해서 그렇게 해야 합니다. 그 다른 사람들은 나중에 건강이 나빠져서 고생할 거예요."

환자들 가운데 "선생님의 제안에 관해 생각해 봤습니다."라고 말하는 사람은 지극히 드물다.

내 모든 노력은 환자들의 사회적 관심을 증대시키는 데 집중되어 있다. 정신 질환의 근본 원인은 협동의 결여다. 나는 환자들도 이 점을 깨닫기를 바란다. 평등하고 협동적인 토대 위에서 다른 사람들과 관계를 맺는 순간 환자들은 치유된다.

타인의 안전을 무시한 '범죄적 태만'

'범죄적 태만(criminal negligence)'도 사회적 관심의 결여를 명확히 보여 주는 사례다. 예를 들면 담배에 불을 붙인 뒤 성냥을 잘못 버려 산불을 일으킨 경우를 들 수 있다. 또 다른 예도 있다. 어느 전기공이 전선을 도로에 늘어뜨린 채로 놓아두고 이를 잊은 채 집으로 돌아갔다. 그 도로를 지나가던 자동차가 전선에 접촉해 승객 모두가 감전사했다.

두 사례에서 범인들은 애당초 남에게 피해를 줄 의도가 전혀 없었다. 도덕적으로 접근하면 그들에게 죄가 없는 것처럼 보인다. 하지만 범인들은 다른 사람들을 생각하도록 훈련을 받아 오지 않았다. 그래서 다른 사람들의 안전을 위한 자발적인 예방 조처를 하지 않았던 것이다.

이 사례들은 물건을 어질러 놓거나 다른 사람의 발을 밟거나 접시를 깨뜨리는 사람들에게서 볼 수 있는 협동 정신의 결핍이 비교적 심하게 드러난 경우다.

3. 최고의 찬사 "당신은 나의 동반자!"

동료에 대한 관심은 가정과 학교에서 배운다. 우리는 이미 어린이들의 성장 과정에 어떤 장애물이 놓일 수 있는지를 살펴보았다. 사회적 감정은 유전된 본능이 아니지만 사회적 감정의 잠재력은 유전된 것이다. 이 잠재력은 자녀에 대한 부모의 관심과 능력에 따라, 그리고 환경에 대한 자녀들의 평가에 따라 개발된다.

어린이들이 타인을 적대적으로 느끼거나 적들에게 포위되어 막다른 골목에 몰려 있다고 느낀다면 친구를 사귀거나 좋은 친구가 되기 어렵다. 타인은 자신의 노예가 되어야 한다고 생각하는 아이들은 타인을 도와주기보다는 지배하고 싶어 할 것이다. 또한 어린이들이 자신의 감각과 육체적 고통이나 불편함에만 관심을 두고 있다면 자신을 사회로부터 차단하게 될 것이다.

이미 살펴본 것처럼 어린이들이 자신을 동등하게 존중받는 가족의 일원으로 느끼고 다른 구성원들에게 관심을 두는 것이 가장 바람직하다. 부모는 서로 사이가 좋아야 하고 가족 이외의 사람들과도 친밀한 교우 관계를 맺어야 한다. 이런 식으로 어린이들은 가족 외에도 신뢰할 만한 사람들이 존재한다는 사실을 느끼게 된다. 또한 우리는 왜 어린이들이 학교에서 자신을 학급의 일원으로 느끼고 급우들과 친구가 되며 서로의 우정에 의지할 수 있어야 하는지를 살펴보았다.

가정생활과 학교생활은 더 넓은 세상에서 살아가기 위한 준비 과정이라고 볼 수도 있다. 가정과 학교는 아이들을 사회적 인간으로, 또 인류의 평등한 일원으로 교육해야 한다. 그래야 어린이들이 용기 있게 여러 인생 문제에 대처할 수 있다.

이런 어린이들이 성장해 유익한 직업 활동과 행복한 결혼 생활로 사회에 공헌한다면 그들은 자신이 타인보다 열등하다고 느끼지 않을 것이다. 세상을 내 집처럼 편안하게 느끼면서 사람들과의 만남을 즐기고 여러 난제에 자신 있게 대처할 것이다.

이렇게 성장한 어린이들은 "이 세계는 나의 세계다. 나는 그저 기다리고 기대하는 게 아니라 행동하고 준비해야 한다."라고 생각할 것이다. 그들은 현재는 인류 역사의 한 단계에 불과하고, 자신들은 과거 · 현재 · 미래에 걸친 인류 발전의 전체 과정에서 살고 있다는 거시적인 안목을 갖출 것이다. 하지만 그들은 지금이야말로 창조적 과업을 완수하고 인류 발전에 독자적인 공헌을 할 수 있는 시기라고 느낄 것이다.

현재 우리가 살아가는 세계에는 수많은 악(惡)과 고난, 편견과 재앙이 존재한다. 우리는 적극적으로 참여해 이러한 문제를 개선해야 한다. 우리 모두가 올바른 방식으로 자신의 과제들을 직시한다면 이 세상을 개선하는 데 이바지할 수 있을 것이다.

자신의 과제들을 직시한다는 것은 무슨 의미일까? 인생의 3대 과제를 협동적인 방식으로 해결하는 책임을 진다는 뜻이다. **우리는 훌륭한 직장 동료, 훌륭한 사회 친구, 그리고 사랑과 결혼 생활의 진정한 동반자가 되어야 한다.** 누군가에게 "당신이 바로 그런 사람입니다."라고 말한다면 그 것은 인간에게 바칠 수 있는 최고의 찬사다. 한마디로 말하자면 사람들은 자신이 인간임을 증명해야 한다.

🎬 아들러의 Key Sentence

"인류는 오래전부터 동료와 하나가 되기 위해 노력해 왔다. 타인에 대한 관심을 통해 인류가 번성하고 발전해 온 것이다. 가정은 타인에 대한 관심이 필수적인 조직체다. 인간은 태곳적부터 가족이라는 형태로 무리를 지으려는 성향을 보였다. 원시 부족들은 공동의 상징물(symbol)을 이용해 부족민들을 단합시키고 일체감을 부여했다. 상징물의 목적은 사람들을 협동 속에서 단결시키는 것이었다."

"우리는 오로지 이기심만으로 움직이는 사람들의 태도에 반대해야 한다. 이기적인 태도는 개인과 집단의 발전을 가로막는 최대 장애물이다. 인간의 모든 능력은 오직 동료에 대한 관심을 통해서만 발달할 수 있다."

"우리는 훌륭한 직장 동료, 훌륭한 사회 친구, 그리고 사랑과 결혼 생활의 진정한 동반자가 되어야 한다. 누군가에게 '당신이 바로 그런 사람입니다.'라고 말한다면 그것은 인간에게 바칠 수 있는 최고의 찬사다."

PART 6
상대방에 대한 가장 친밀한 헌신

Love and Marriage

사랑과 결혼

Love by itself does not settle everything.
사랑만으로 모든 일을 해결할 수는 없다.

다리를 건널 때는 한 번 기도하고, 전쟁터에 갈 때는 두 번 기도하고, 결혼할 때는 세 번 기도하라는 말이 있다. 결혼이 목숨을 내거는 일보다 더 중요하다는 의미다. 이렇게 중요한 결혼을 잘 수행하기 위해서는 생애 초기부터 협력할 수 있는 능력을 갖추어야 한다.

협력 관계가 이루어지기 위해서는 상대방에 대한 관심과 평등이 전제되어야 한다. 그렇지 않으면 부부 간의 사랑과 존중, 자녀 출산과 자녀 양육 등 공동의 선을 이루어 나갈 수 없다. 평등한 관계를 토대로 동반자의 협력이 이루어진다. 부부는 서로에게 충실하고 신뢰감을 주는 인생의 동반자가 되어야 한다.

많은 사람이 행복하게 살기 위해 결혼한다고 말한다. 하지만 실제 결혼 생활은 행복을 보장하기보다는 자유를 제한하는 경우가 많다. 이 때문에 완전한 자유 보장을 서약하는 현대판 결혼을 하는 사람들도 있다. 하지만 대부분 이들은 그 서약을 오래 지키지 못한다.

인류 발전을 위해 결혼한다고 생각하는 사람은 거의 없다. 하지만 자녀를 낳아 다음 세대를 키우면서 인류 생존을 가능하게 하는 것만으로도 인류 발전에 자연스럽게 기여하는 것이다. 자녀가 평등하고 책임감 있는 인류의 구성원이 되도록 의무를 다하는 것이 결혼의 책임이다.

하지만 이러한 책임을 회피하는 사람들, 즉 결혼의 과제를 수행하지 못하는 사람들, 또는 애초에 결혼의 과제를 수행할 준비가 안 된 사람들, 결혼의 과제를 수행할 수 있는 훈련을 받지 못한 사람들이 많다. 최근 아동과 청소년 문제가 심각해지고 있지만 이는 자녀들의 문제이기 이전에 부모의 문제다. 결혼할 준비가 안 된 사람은 부모가 될 준비도 안 된 경우가 많다. 이들은 배우자와의 문제도 많을 뿐 아니라 자녀마저도 연약하고 병들게 만든다.

자신의 이익만을 위해 살아온 사람들은 행복한 결혼 생활을 누리기가 힘들다. 사랑과 결혼에는 수고와 헌신이 뒤따른다. 따라서 응석받이의 생활 양식을 지닌 사람들끼리 결혼한다면 파국을 맞을 가능성이 높다. 결혼 전에는 가족 중 누군가가 대신 해 주었던 일들을 결혼 후에는 자신이나 배우자가 처리해야 한다. 하지만 자신은 할 능력이 없고 배우자도 응석받이로 자랐기 때문에 마찬가지 형편이다. 이럴 경우에 두 사람은 상대방에게 요구만 하게 되고 서로를 이해하지 못한 채 싸우다가 결국 파국을 맞이하는 것이다.

성인(成人)이 되어야 결혼할 수 있다. 이런 사람들은 아직 정신적으로나 사회적으로 성인이 되지 못했다고 볼 수 있다. 심지어 이들 중에는 결혼을 자신의 필요를 채워 주는 상품으로 인식하는 사람도 있다. 결혼이라는 상품이 마음에 안 들면 언제든지 반품 처리하려는 것이다. 아들러는 신뢰할 만하고, 충실하고 책임감이 있으며, 진정한 친구로서의 배우자가 되어야 한다고 했다. 이러한 조건을 갖추지 못한 사람은 사랑과 결혼에서 실패할 수밖에 없다.

불행하게도 부적절한 목적으로 결혼하는 사람들도 있다. 경제적 안정을 위해, 어떤 사람을 구원하기 위해, 누군가의 소원을 들어주기 위해, 개인의 문제를 해결하기 위해, 알코올 의존증이나 신경증 치료를 위해, 하인 역할을 할 사람이 필요해서, 누군가에게 복수하기 위해 결혼하는 것이다. 당장의 어려움이나 삶의 과제를 결혼으로 해결하려는 사람들이다.

이들의 결혼도 결국 파국으로 치닫게 된다. 우호적 · 협력적 관계를 방해하는 결혼 목적은 두 사람뿐만 아니라 자손과 인류의 미래에 어둠과 불행을 가져다줄 것이다. 자신의 문제를 해결하기 위해 결혼하는 것은 매우 큰 불행이고 파멸이다.

여러 번 이혼하고 재혼하는 사람들이 있다. 그들은 자신이 아니라 상대방 때문에 이혼했다고 생각한다. 자신의 문제를 고치지 않고 재혼하면 다시 이혼을 반복할 수밖에 없다. 결혼 전에 건강 검진만 할 것이 아니라 서로의 생활 양식을 점검해 보고, 함께 협력해 공동의 선을 이룰 수 있는 준비가 되었는가를 검토하는 것도 필요하다.

1. 사랑과 결혼, 인간 협동의 본질적인 모습

독일의 어느 지방에는 약혼한 남녀가 결혼 생활을 함께하기에 적합한 지를 시험하는 오랜 관습이 있다. 결혼식을 올리기 전에 신랑과 신부는 나무 한 그루가 베어져 있는 공터로 간다. 그들은 양손 톱을 가지고 쓰러진 나무의 몸통을 잘라야 한다. 이 테스트는 두 사람이 어느 정도까지 협력할 수 있는가를 보여 준다.

두 사람 사이에 신뢰가 없다면 그들은 서로 반대 방향으로 톱을 끌어당길 것이다. 두 사람 중 한 명이 주도권을 쥐고 모든 일을 혼자 처리하려고 한다면 다른 한 사람이 양보한다고 해도 일을 끝내는 데 두 배의 시간이 걸릴 것이다. 두 사람은 각자의 독창성을 발휘하되 서로의 노력을 조정하고 조화시켜야 한다. 이 독일 마을의 주민들은 협동을 결혼의 필수 조건으로 인식해 온 것이다.

나에게 사랑과 결혼의 의미를 말해 보라고 한다면 다음과 같은 정의를 내리고 싶다. "사랑과 사랑의 완성으로서의 결혼은 반려자에 대한 가장 친밀한 헌신이다. 이 헌신은 육체적 관심과 동지애, 그리고 자녀를 낳겠다는 결심을 통해 표현된다. **사랑과 결혼은 인간 협동의 본질적인 모습이다.** 그것은 단지 두 사람만의 행복을 위한 협동이 아니라 인류 전체의 복리를 위한 협동이기도 하다."

사랑과 결혼이 인류의 복지를 위한 협력 활동이라는 관점은 이 주제의 모든 측면을 이해하는 데 도움을 준다. 육체적 이끌림은 인류를 위해 매우 중요한 진화의 결실이었다. 앞서 언급했듯이 인류는 지구라는 행성에서 살아가기에 충분한 준비가 되어 있지 않다. 인간의 생명을 존속하는 유일한 방법은 번식이다. 따라서 인간의 생식 능력과 다산이 중시되고 육체적 매력에 대한 끊임없는 자극이 필요한 것이다.

사랑의 문제를 둘러싸고 많은 어려움과 갈등이 발생한다. 이런 문제에 대해 올바른 결론에 도달하려면 최대한 편견을 버리고 객관적으로 접근해야 한다. 고정 관념을 버리고 자유 토론을 방해하는 다른 사항들을 배제한 채 이 문제를 고찰할 수 있도록 노력해야 한다.

오로지 개인적인 생각만으로는 이 문제를 합리적으로 해결할 수 없다. <u>모든 인간은 세 종류의 일정한 '관계의 틀' 속에 묶여 있다. 인간의 발달은 그 테두리 안에서 일어나고 인간의 결정은 그 틀에 순응해야 한다.</u>

앞서 보았듯이 이런 세 가지 주요 관계는 다음과 같은 세 가지 사실에서 생겨난다. 첫째, 인간은 우주의 특정한 장소에서 살고 있으며, 환경과 상황이 허용하는 한계와 가능성 안에서 발달해 나가야 한다는 사실이다. 둘째, 우리는 타인들과 함께 살고 있으며, 그들과 화합하는 법을 배워야 한다는 사실이다. 셋째, 인간은 남성과 여성이라는 두 종류의 성(性)이 있으며, 인류의 미래는 양성 간의 우호 관계에 달려 있다는 사실이다.

사람들이 동료나 인류의 복리에 관심이 있다면 모든 일을 타인들에 대한 관심에 따라 처리할 것이다. 사랑과 결혼의 문제도 타인들의 복리와 결부되어 있다는 전제 아래 해결하려고 노력할 것이다. 사람들은 자신이 이런 방식으로 그 문제를 해결하려고 한다는 사실을 굳이 '의식할' 필요가 없다. 사람들은 자연스럽게 인류의 복지와 향상을 추구하는 것뿐이다. 인류에 대한 이런 관심은 사람들의 모든 활동에서 뚜렷이 드러난다.

반면, 인류 복지 등에 관심이 없는 사람들도 있다. 그런 사람들이 "동료를 위해 무엇을 할 수 있을까?"라든가 "어떻게 하면 내가 전체의 일부로서 적합한 존재가 될 수 있을까?"라는 생각을 할 리가 없다.

그들이 주로 하는 질문은 다음과 같다. "그것이 내게 무슨 이익이 된다는 거지? 다른 사람들은 내게 충분한 관심을 보이는가? 나는 제대로 평가받고 있는 것인가?" 이런 태도로 인생에 접근하는 사람들은 사랑과 결혼의 문제도 똑같은 방식으로 해결하려고 할 것이다. 그들은 항상 이렇게 자문할 것이다. "그것을 통해 내가 얻을 수 있는 게 무엇이지?"

사랑이란 일부 심리학자가 믿고 싶어 하듯이 순전히 자연적인 기능인 것만은 아니다. 성관계는 충동 또는 본능이지만 사랑과 결혼은 이런 충동을 충족해 주는 방법을 넘어서는 차원의 문제다. 사회의 모든 분야에서 인간의 다양한 충동과 본능은 세련되게 드러나도록 개발되고 있다. 인간의 일부 욕망과 성향은 사회적으로 억제되었다.

예를 들어 우리는 주변 사람들에게 불쾌감을 주지 않도록 예법을 익히고, 몸을 청결하게 하며, 옷을 단정하게 입는다. 심지어 배고픔마저도 자연적인 방식으로 표출되지 않도록 식사 예절을 익힌다. 인간의 모든 욕구는 문화에 걸맞게 조절되는 것이다. 이는 사회생활과 인류의 복리를 위해 우리가 기울여 온 노력을 반영한다.

이와 같은 이해를 사랑과 결혼의 문제에 적용해 보자. 여기에서도 인류와 전체에 대한 관심이 항상 내포되어 있어야 한다. 사랑과 결혼의 문제는 넓은 시야를 가지고 인류 복지라는 전체적인 차원에서 고려해야만 해결할 수 있다. 이 점을 제대로 인식하지 못한다면 사랑과 결혼에 대한 어떠한 논의도 무익하다. 이와 관련한 새로운 규정이나 제도 혹은 권리와 개혁 등을 제안하는 것도 소용없을 것이다.

우리가 더 좋은 해결책을 찾는다면 그 해결책이 '더 좋은 이유'는 무엇일까? 인류의 생존을 위해서는 남성과 여성의 협동이 필수적이라는 사실을 완벽하게 고려했기 때문일 것이다. 우리의 해결책이 이런 조건들을 고려하고 있는 한, 그 안에 담긴 진리는 영원히 변하지 않는다.

부부는 평등해야 한다

애정 문제는 두 명의 개인이 함께 풀어야 하는 과제다. 많은 사람에게 이런 과제는 생소할 수밖에 없다. 사람들이 어린 시절에 받은 훈련 중 일부는 자립심을 키우기 위해 혼자서 어떤 일을 처리하는 것이었다. 또 다른 일부는 협동심을 키우기 위해 팀을 이루거나 무리 속에서 일을 처리하는 것이었다. 두 사람이 짝을 이루어 어떤 일을 수행하는 경험은 상대적으로 적을 수밖에 없었다.

하지만 이런 어려움은 두 사람이 동료에 대한 관심이 있다면 비교적 쉽게 해결할 수 있다. 두 사람은 서로에게 관심을 두는 법을 배우기가 쉽기 때문이다. 한 걸음 더 나아가 두 명의 반려자 사이에서 협동이 완벽하게 구현되려면 각자가 자신보다는 상대방에게 더 많은 관심을 보여야 한다. 이것이야말로 사랑과 결혼이 성공할 수 있는 유일한 토대다. 그렇게 되면 결혼에 관한 많은 의견과 개혁안이 어떤 면에서 잘못되었는지 명확히 알 수 있을 것이다.

자신보다 배우자에게 더 많은 관심을 가지기 위해서는 두 사람의 관계가 평등해야 한다. 부부 사이에 상호 헌신과 친밀함이 실현되려면 상대방 때문에 억눌려 지낸다거나 빛을 보지 못한다는 생각을 해서는 안 된다. 부부가 평등한 관계가 되려면 각자가 배우자의 삶을 편안하고 풍요롭게 만들기 위해 노력해야 한다. 이런 상태가 되어야 각자는 안전하다고 느낀다. 자신이 상대방에게 가치 있고 필요한 존재라고 생각하는 것이다.

이러한 관계 속에서 우리는 결혼 생활을 근본적으로 보장해 주는 것이 무엇인지, 또 행복의 근본적인 의미가 무엇인지를 발견하게 된다. 그것은 자신이 가치 있는 존재이고 다른 사람으로 대체할 수 없는 존재라는 느낌이다. 또한 자신은 배우자에게 훌륭한 반려자이자 진정한 친구라는 느낌이다. 두 사람이 협동의 과제를 수행할 때 한 사람이 상대방에게 복종을 강요한다면 두 사람은 풍요로운 삶을 함께 이루지 못한다.

현재 대다수 사람은 지배하고 명령하는 역할, 그리고 지도자와 주인의 역할을 남성의 몫이라고 믿고 있다. 이 때문에 불행한 결혼이 많아지고 있다. 분노와 적개심을 느끼지 않고 열등한 지위를 끝까지 감내할 수 있는 사람은 세상에 없다.

부부 관계는 평등해야 한다. 그래야 어려움이 닥쳐도 해결할 방법을 언제든지 찾아낼 것이다. 예를 들어 평등한 부부는 자녀를 낳는 문제나 자녀 교육 방법에도 합의할 것이다. 문제가 발생하면 이를 신속히 해결하려고 노력할 것이다. 그들은 부모의 결혼 생활이 불행해지면 자녀들이 올바르게 성장할 수 없다는 것을 알고 있기 때문이다.

2. 사랑과 결혼, 어린 시절부터 준비해야 한다

오늘날 사회에서 협동을 위한 준비가 잘되어 있는 사람은 드물다. 우리가 받아 온 훈련은 지나치게 개인적 성공에 초점을 맞추고 있다. 사회에 무엇을 공헌할 수 있는지보다는 무엇을 얻어 낼 수 있는가에 너무 치중하고 있다. 결혼한 두 남녀가 상대방에 대한 관심이나 협력에서 실패하면 지극히 심각한 결과를 초래하게 된다.

대부분 사람은 이런 친밀한 관계를 처음으로 경험하게 된다. 그들은 다른 사람의 관심사와 욕구, 소망과 야망을 배려해 주는 데 별로 익숙하지 않다. 또한 그들은 공동의 과제에서 발생하는 여러 문제에 대처할 준비가 전혀 되어 있지 않다. 이러한 이유로 결혼 실패 사례가 많아진다. 하지만 이제는 그런 사례들을 철저히 분석해서 앞으로는 그런 실수가 재현되지 않도록 지혜를 모아야 할 때다.

"사랑의 의미에 대해 설명해 주세요."

어른이 되어서 겪는 모든 위기는 과거에 받은 훈련에서 시작된다. 즉 우리는 항상 자신의 생활 양식에 따라 반응을 보이는 것이다. 결혼을 준비하는 태도가 하룻밤 사이에 형성될 수는 없다. 어린이들의 특징적인 행동 방식과 사고방식을 통해 그들이 성인기에 직면할 상황에 대비해 어떻게 자신을 훈련하는지 알 수 있다. 어린이들이 장차 사랑이라는 문제를 접하게 될 때 보일 주요 특징들은 이미 다섯 살에서 여섯 살 무렵에 확립되는 것이다.

어린이들은 이미 사랑과 결혼에 대한 독자적인 의견을 형성하고 있다.

어린이들이 어른 세계에서 의미하는 성적 자극을 느낀다는 말이 아니다. 어린이들은 사회생활의 한 측면에 관해 자신의 생각을 정립해 가는 것이다. 사랑과 결혼은 어린이들이 처한 환경의 여러 요소 가운데 일부다. 어린이들은 그런 문제들에 관한 자신의 이해와 태도를 어느 정도 정리해 두지 않으면 안 된다.

어린이들은 일찍부터 이성에 대한 관심을 보이고 이성 친구를 선택할 수도 있다. 우리는 이를 잘못된 행동이라든가, 골칫거리라든가, 또는 지나치게 조숙한 성 충동 등으로 해석해서는 안 된다. 그런 행동을 비웃거나 조롱하는 것은 더더욱 삼가야 한다. 어린이들이 사랑과 결혼에 대한 장기적인 준비 과정에서 한 걸음 나아간 것으로 받아들여야 한다.

부모들은 어린이들에게 사랑의 의미를 설명해 주고 공감대를 형성해야 한다. 사랑은 도전해 볼 만한 경이로운 과제이고 그러기 위해서는 준비해야 한다는 사실을 자녀들과 공유하는 것이다.

이런 과정을 통해 어린이들에게 사랑과 결혼에 대한 하나의 이상을 심어 줄 수 있다. 이런 어린이들은 어른이 되어 이성과 친밀한 관계를 맺을 때 상대방을 동반자이자 친구로 대할 수 있다. 부모의 결혼 생활이 항상 행복한 것이 아니어도 어린이들이 일부일처제를 전폭적으로 지지한다는 사실은 매우 흥미롭고 시사하는 바가 크다.

부모의 결혼 생활이 화목하면 자녀들은 더욱 준비를 잘할 수 있다. 어린이들은 결혼에 대한 최초의 인상을 부모의 결혼 생활로부터 받는다. 어린 시절에 부모가 이혼했거나 가정생활이 불행한 사람은 인생에서 실패하기 쉽다. 부모가 서로 협력하지 못한다면 자녀들에게 협동을 가르칠 수 없다. 어떤 사람이 자신의 부모와 형제자매를 대하는 태도를 관찰하거나 올바른 가정 환경에서 성장했는지 여부를 알면, 그 사람이 결혼에 적합한지를 판단할 수 있다.

가장 중요한 것은 그 사람이 어떠한 환경에서 사랑과 결혼에 대한 준비를 했는가 하는 점이다. 이 점에 대해서는 신중하게 판단해야 한다. 앞에서 이미 확인했듯이 사람들의 생활 양식은 환경에 의해 결정되는 것이 아니라 환경에 대한 개인적인 해석에 의해 결정된다. 이런 해석은 유익할 수도 있다.

부모와 함께 사는 동안에는 매우 불행한 가정생활을 경험했지만, 이런 경험이 오히려 행복한 결혼 생활을 위한 자극제가 될 수도 있다. 이런 사람들은 결혼 준비를 더욱 충실하게 하려고 노력할지도 모른다. 따라서 어린 시절의 가정생활이 불행했다는 이유만으로 부정적으로 판단하거나 배척해서는 안 된다.

3. 너무 이른 성교육은 바람직하지 않다

나는 부모들이 성의 육체적인 측면에 관해 너무 일찍 자녀들에게 알려주거나 자녀들이 알고 싶어 하는 것 이상으로 설명해 주는 것은 바람직하지 않다고 생각한다. 어린이들이 결혼과 관련한 여러 문제를 어떤 관점에서 보느냐는 매우 중요하다. 어린이들이 이 주제를 잘못된 방식으로 배우게 되면 관련 문제들을 위험하거나 자신이 감당하기 어려운 것으로 인식하게 된다.

성관계에 관한 구체적인 사실들을 너무 일찍 알게 된 어린이들과 조숙한 성 경험을 한 청소년들은 나중에 훨씬 더 사랑의 문제를 두려워하게 된다. 그들은 육체적 이끌림도 위험하다고 생각한다. 좀 더 나이가 들었을 때 처음으로 성에 관한 설명을 듣거나 첫 경험을 한 청소년들은 그다지 두려워하지 않는다. 이런 청소년들은 애정 관계에서 실수를 저지를 확률이 훨씬 낮다.

성교육에서 가장 중요한 점은 어린이들에게 거짓 정보를 주지 않는 것과 그들의 질문을 피하지 않는 것이다. 또한 어린이들이 알고 싶어 하는 만큼이나 그들이 이해할 수 있다고 생각하는 만큼만 설명해 주는 것이 매우 중요하다. 허세가 섞인 잘못된 정보는 어린이들에게 큰 피해를 줄 수 있다. 인생의 다른 문제들과 마찬가지로 이 문제도 어린이들이 알고 싶은 내용을 질문을 통해 배우거나 자발적인 노력으로 터득하는 것이 바람직하다. 부모와 자녀들 사이에 신뢰가 있다면 자녀들이 큰 해를 입을 염려는 없다.

어린이들이 성에 관한 또래 친구들의 설명을 듣고 잘못된 길로 빠질 수 있다고 걱정하는 부모가 많다. 이는 쓸데없는 걱정이다. 협동 정신과 자립심을 제대로 훈련받은 어린이들은 놀이터에서 친구들에게 들은 이야기에 절대 현혹되지 않는다. 나는 건전한 사고방식을 가진 아이들이 이런 식으로 피해를 당한 경우를 한 번도 본 적이 없다.

청소년들은 친구가 들려주는 이야기를 통째로 삼키지 않는다. 대부분 청소년은 매우 비판적이다. 그들은 자신이 들은 이야기가 진실인지 확신할 수 없을 때는 부모나 형제자매에게 물어본다. 이런 문제들에 있어서는 어른들보다 청소년들이 더욱 섬세하고 눈치가 빠르다.

우정과 직업은 결혼에 도움이 된다

우정을 통해 사회적 관심이 발달할 수 있다. 우리는 우정 속에서 타인의 눈으로 보고, 타인의 귀로 들으며, 타인의 심장으로 느끼는 법을 배운다. 어린이들이 좌절감에 빠져 있고, 항상 감시당하고 과잉보호를 받으며, 고립된 채 성장해 친구나 동료가 한 명도 없다면 자신과 타인을 동일시하는 능력을 발달시키지 못한다. 그들은 세상에서 가장 중요한 사람이 자신이라고 생각하고, 항상 자신의 행복과 이익을 확보하기 위해 조바심을 낸다.

우정을 훈련하는 것은 결혼 준비에도 큰 도움이 된다. 협력 정신을 함양할 수 있다면 게임도 유익하다. 하지만 어린이용 게임에는 경쟁심과 승리욕을 부추기는 요소들이 지나치게 많다. 이런 게임보다는 두 명의 아이가 함께 작업하고 배우는 상황을 만들어 주는 것이 바람직하다. 이와 관련해 나는 사교춤을 과소평가해서는 안 된다고 생각한다. 사교춤은 두 사람이 공동 활동에 참여하는 오락이다. 이런 의미에서 어린이들에게 사교춤을 훈련하는 것이 바람직하다. 물론 협력 행동보다는 쇼에 가까운 요즘의 사교춤을 권장하는 것이 아니다. 간단하고 쉬운 사교춤이 개발된다면 아이들의 성장에 큰 도움이 될 것이다.

직업도 결혼 준비에 도움이 된다. 일반적으로 직업 문제는 사랑과 결혼의 문제보다 먼저 직면하게 된다. 결혼을 준비하기 위해 취업도 준비하는 것은 지극히 당연한 처사다.

어떤 이성에게 매력을 느끼게 될까

성인기에 이성에게 육체적인 매력을 느끼는 것도 어린 시절부터 훈련되기 시작한다. 어렸을 때 주변에 있는 이성들에게서 받는 성적인 인상이 육체적 매력에 대한 관심의 출발점이다.

한 남자아이가 어머니와 누이들, 혹은 주변 여자아이들에게서 이런 첫인상을 받았다고 하자. 이 아이는 나중에 어른이 되어 육체적으로 매력을 느끼는 여성을 선택할 때 첫인상을 받았던 여성들과 비슷한 인상을 주는 사람에게 기울어질 것이다.

청소년들은 예술 작품의 영향을 받기도 한다. 모든 사람이 이런 식으로 형성된 이상형에 이끌린다. 따라서 넓은 의미에서 보면 사람들에게는 선택의 자유가 없다. 양육 방식의 영향을 받은 선택만이 존재할 뿐이다.

아름다움에 대한 탐구는 결코 무의미한 것이 아니다. 인간의 심미적 정서는 건강에 대한 욕구와 인류의 향상을 위한 욕구에 바탕을 두고 있다. 인간의 모든 기능과 능력은 우리를 이런 방향으로 이끌어 간다. 우리는 거기에서 벗어날 수 없다. 우리는 영원을 지향하는 것, 인류의 복지와 미래에 이바지하는 것, 우리가 원하는 자녀의 성장 방식을 상징하는 것을 아름답다고 인식한다. 이런 아름다움은 언제나 우리를 매료시킨다.

남자아이가 어머니와 사이가 좋지 않거나 반대로 여자아이가 아버지와 사이가 원만하지 않은 경우가 있다. 이는 부모의 결혼 생활에서 협동이 제대로 이루어지지 않으면 얼마든지 발생할 수 있는 상황이다. 그런 아이들은 나중에 부모와 대조적인 유형의 이성을 찾게 된다.

예를 들어 어떤 소년의 어머니가 잔소리가 심하고 아들을 너무 윽박지르며 키웠다면, 그리고 그 소년이 몸이 허약하고 남에게 지배받는 것을 두려워한다면 그는 군림할 것 같지 않은 여성들한테만 성적인 매력을 느낄지도 모른다. 이런 남성은 실수를 저지르기도 쉬워진다. 예컨대 그는 강인해 보이는 여성을 선택할 수도 있다. 본인이 허약한 탓에 힘을 숭상하기 때문이거나 아니면 자신의 어머니처럼 강한 여성을 눌러 보고 싶은 욕구 때문일 수도 있다.

그 남성과 어머니의 불화가 아주 심하다면 사랑과 결혼의 문제에 대한 준비에 지장이 생긴다. 심지어 그는 이성의 육체적인 매력을 느끼지 못하게 될 수도 있다. 극단적인 경우에 그는 여성을 완전히 배제해 버릴 것이고, 사람에 따라서는 성도착자가 되기도 한다.

4. 확고한 약속이 없는 결혼은 결혼이 아니다

자신의 이익만 생각하는 사람들은 어떻게 살아야만 늘 쾌락과 흥분을 느낄 수 있을까를 궁리한다. 그들은 항상 자신의 자유와 쾌락을 요구할 뿐이다. 어떻게 하면 배우자의 삶을 편안하고 풍요롭게 해 줄 수 있을까 하는 생각은 절대 하지 않는다. 이것은 파멸을 가져오는 접근 방식이다. 나는 이런 사람들을 말에게 고삐를 씌울 때 꼬리부터 집어넣으려고 애쓰는 사람으로 비유하고 싶다. 이것은 일을 올바르게 처리하는 방법이 아니다.

그러므로 우리는 사랑에 대한 태도를 준비하는 데 있어서 책임 회피를 위한 방법과 구실만 찾아서는 안 된다. 사랑의 동반자 관계는 망설임과 의심이 있으면 성공하지 못한다. 협동은 평생 지켜야 할 약속을 요구한다. 확고하고 변치 않는 약속이 없는 결혼은 결혼이 아니다. 이러한 약속에는 자녀를 낳겠다는 결심이 포함된다. 이는 자녀에게 협동을 훈련시켜 그들을 훌륭한 사회 구성원으로, 평등하고 책임감 있는 인류의 구성원으로 키우겠다는 결단이다.

바람직한 결혼은 미래 세대를 기르기 위한 최선의 수단이다. 결혼에는 항상 이런 목표가 설정되어 있어야 한다. 결혼은 진실한 의무감을 가지고 수행해야 하는 과업이다. 결혼에는 독자적인 규칙과 법칙이 있다. 이들 중 어느 하나에만 치중하고 나머지를 무시한다면 그것은 협동이라고 하는 영원불멸의 규범을 위배하는 것이다. 예를 들어 결혼의 책임을 5년이라는 기간으로 한정하거나 결혼을 일종의 시범 기간으로 간주한다면 진정한 헌신과 친밀함을 얻는 것은 불가능하다. 이러한 탈출구를 항상 열어 놓고 있는 사람들은 사랑의 과제에 모든 힘을 쏟지 않는다. 우리는 인생의 다른 과제에서도 이런 '면책 조항'을 만들어 두지 않는다. <u>우리는 절대 사랑을 제약하는 조건을 만들어서는 안 된다.</u>

결혼의 대안을 찾으려고 노력하는 사람들은 ─ 선량한 품성을 갖추고 좋은 의도에서 그런다고 할지라도 ─ 잘못된 길에 들어서 있는 것이다. 그들이 제안하는 각종 대안은 결혼을 앞둔 예비부부들의 노력을 방해하게 될 것이다. 이런 대안은 예비부부가 쉽사리 약혼 관계에서 빠져나오도록 유혹하거나 그들이 스스로 설정한 과제를 위해 기울여야 할 노력을 회피하도록 자극할 수도 있다.

우리 사회에는 수많은 어려움이 있다. 이런 어려움이 사랑과 결혼의 과제를 올바르게 해결하려는 사람들의 노력을 방해한다. 그렇다고 사랑과 결혼을 포기해서는 안 된다. 오히려 우리는 사회생활의 각종 어려움을 없애기 위해 노력해야 한다.

5. 결혼 생활에 필요한 것은 '자유'가 아닌 '협력'

외도를 당연시하는 사람들은 결혼에 대한 준비가 올바르게 되어 있는 사람이 아니다. 두 사람이 각자의 '자유'를 유지하기로 합의했다면 진정한 동반자 관계를 유지하는 것은 불가능하다. 그것은 아예 동반자 관계가 아니다.

동반자 관계에서는 어느 한 사람도 자신이 선택한 방향으로만 자유롭게 움직일 수 있는 것이 아니다. 두 사람은 서로 협력할 의무가 있다. 성공적인 결혼이나 인류의 복리를 위해서는 전혀 적합하지 않은 이런 식의 사적인 합의가 두 사람 모두에게 어떤 피해를 주는지 한 가지 사례를 들어 보겠다.

이혼한 남성과 이혼한 여성이 만나 재혼했다. 교양과 지성을 겸비한 그들은 결혼이라는 또 한 번의 모험이 예전의 결혼 경험보다 훨씬 나은 것이 되기를 진심으로 바랐다. 하지만 그들은 각자의 첫 번째 결혼이 왜 실패했는지를 깨닫지 못하고 있었다. 자신들에게 사회적 관심이 없다는 사실을 인식하지 못한 채 개선된 관계만 기대한 것이다.

이 부부는 자신들을 '자유사상가'라고 공언했고 서로에게 싫증 나는 위험을 피할 수 있는 '현대식 결혼'을 원했다. 두 사람은 각자가 모든 면에서 완전히 자유롭게 행동할 수 있다는 데 합의했다. 각자가 하고 싶은 일은 무엇이든 하되, 그 일에 관해서는 솔직하게 모든 내용을 상대방에게 알려 주기로 약속한 것이다.

이 점에서는 아내보다 남편이 더욱 모험을 즐겼다. 그는 집에 돌아올 때마다 생생한 경험담을 아내에게 들려주었다. 아내는 남편의 이야기를 즐겁게 들었고 남편의 성공을 매우 자랑스럽게 생각하는 듯했다. 그녀역시 언제든지 장난삼아 바람을 피우거나 정사(情事)를 벌일 마음의 준비가 되어 있었다.

하지만 그 첫발을 내딛기도 전에 그녀는 광장 공포증에 시달리기 시작했다. 혼자서는 외출할 수가 없었다. 이 증상 때문에 그녀는 침실에만 틀어박혀 지냈다. 현관 밖으로 한 걸음만 나가도 공포감이 엄습해 와서 집 안으로 들어갈 수밖에 없었다.

사실 이 광장 공포증은 자유롭게 바람을 피워 보겠다는 결심으로부터 그녀를 보호하기 위해 생겨난 것이었다. 그런데 그녀의 광장 공포증에는 그 이상의 목적이 숨어 있었다. 그녀가 혼자서 외출할 수 없게 되자 남편도 아내 곁을 지킬 수밖에 없게 된 것이다.

여기서 우리는 어떻게 '결혼의 섭리'가 이들 부부의 '외도 결의'를 깨뜨렸는지 볼 수 있다. 남편은 아내 곁에 있어야 했기 때문에 더는 자유연애 주의자가 될 수 없었고, 아내도 혼자 외출할 수 없었기 때문에 자신의 자유를 활용할 수 없었다. 신경증이 치유되면 아내는 결혼의 본래 의미를 더 잘 이해하게 될 것이다. 남편 역시 결혼을 협동적인 동반자 관계로 인식하게 될 것이다.

결혼 초기에 자주 발생하는 잘못들도 있다. 어린 시절에 응석받이로 자란 사람들은 결혼 후 자신이 배우자로부터 도외시된다고 느끼는 경우가 많다. 그들은 사회생활에 적응하는 훈련을 받지 않았기 때문이다. 응석받이들은 결혼 생활에서 심각한 폭군이 될지도 모른다. 이럴 경우 그들의 배우자는 덫에 걸려 있다고 느끼면서 저항을 시작한다.

응석받이로 자란 두 남녀가 결혼하면 어떤 현상이 나타날까? 두 사람

모두 자기에게 관심과 주의를 기울여 달라고 요구하지만 어느 쪽도 만족하지 못한다. 그다음 단계는 탈출구를 찾는 것이다. 더 많은 관심을 받고자 바람을 피우기 시작하는 것이다.

동시에 두 사람과 연애해야만 자유롭다고 느끼는 사람들도 있다. 그들은 한쪽 상대에게 싫증이 나면 다른 쪽으로 도피할 수 있다. 절대 사랑의 책임을 충분히 지려 하지 않는다. 하지만 두 사람을 동시에 사랑한다는 것은 사실상 어느 한 사람도 제대로 사랑하지 못한다는 뜻이다.

낭만적이고 이상적이거나 실현 불가능한 사랑을 꿈꾸는 사람들도 있다. 그들은 현실의 이성에게 접근할 필요 없이 가공적인 사랑의 감정에 탐닉할 수 있다. 낭만적인 이상형을 꿈꾸다 보면 현실의 모든 잠재적 배우자를 배제해 버리는 결과를 초래할 수도 있다. 그런 이상형에 부합하는 현실의 연인은 없기 때문이다.

많은 여성이 성장 과정상의 잘못들 때문에 자신의 성적 역할을 싫어하고 거부하도록 훈련을 받아 왔다. 이런 사람들은 자신의 자연적인 기능을 억압해 왔기 때문에 치료를 받지 않으면 육체적으로도 바람직한 부부 생활을 하기 힘들다. 이것이 바로 앞서 언급했던 '남성적 저항'이다. 현재 우리의 문화 속에 퍼져 있는 남성에 대한 과대평가로 촉발된 현상이다.

어린이들이 자신의 성적 역할에 대해 의심하게 되면 그들은 불안감을 느끼게 된다. 남성의 역할이 지배적인 것으로 인식되고 있는 한, 어린이들이 남성적 역할을 부러워하는 것은 당연하다. 그들은 자신에게 이런 역할을 수행할 능력이 있는지 의심하게 되고 남자다움의 중요성을 지나치게 강조하게 될 것이다. 또한 이에 대한 심리적 부담 때문에 자신이 시험대에 오르는 상황을 피하려고 노력할 것이다.

이처럼 자신의 성적인 역할에 불편함을 느끼는 사람이 많다. 이는 여성의 불감증과 남성의 심리적 발기 불능 등의 근본 원인으로 추정되고 있다. 이러한 사례들을 보면 사랑과 결혼에 대한 저항이 육체적 저항으로 표현되고 있다. 남성과 여성이 평등하다는 사실을 진심으로 믿지 않는다면 이런 어려움을 피하기는 어렵다.

성적인 지위에 대한 불만은 성공적인 결혼을 가로막는 거대한 장애물이다. 이에 대한 치료법은 성 평등(gender equality) 훈련이다. 동시에 우리는 어린이들이 자신의 장래 역할에 대해 의심을 느끼도록 내버려 두어서는 안 된다.

나는 사랑과 결혼에서의 친밀감과 헌신은 혼전 성관계가 없을 때 가장 수월하게 달성된다고 믿는다. 대다수 남성은 자신의 아내가 이미 숫처녀가 아니라면 내심으로는 꺼림칙하게 생각한다. 아내의 혼전 성 경험을 몸가짐이 헤프다는 표시로 간주하고 충격을 받기도 한다. 더욱이 우리 문화에서 혼전 성 경험이 있다면 그 심리적 압박감은 남성보다는 여성이 훨씬 더 클 수밖에 없다.

두려움 속에서 결혼 계약을 맺는 것 역시 큰 잘못이다. 이는 진정한 협동을 원하지 않는다는 신호라고 볼 수 있다. 이것은 술을 과도하게 마시는 사람 혹은 사회적 신분이나 교육 수준이 훨씬 낮은 사람을 배우자로 선택하는 경우에도 적용되는 이치다. 즉 사랑과 결혼에 대한 두려움 때문에 배우자가 자신을 떠받들어 줄 상황을 만들고 싶은 것이다.

6. 구애 행동을 통해 인성을 보여 주다

사람들이 이성에게 접근하는 태도를 보면, 그들이 가지고 있는 용기와 협동 능력의 정도를 알 수 있다. 모든 사람은 연애할 때 특징적인 접근 방식 또는 특유의 태도와 기질을 보인다. 이것은 언제나 그들의 생활 양식에 부합한다.

사랑에 빠진 사람들의 행동 방식을 보면 그들이 인류의 미래를 긍정적으로 생각하고 자신감이 있으며 협조적인 사람인지, 아니면 오로지 자신에게만 관심이 있고 "내가 다른 사람들에게 어떤 인상을 주고 있을까? 그들은 나에 대해 어떻게 생각할까?" 같은 질문으로 자신을 고문하는 사람인지를 알 수 있다.

어떤 남성은 여성에게 접근할 때 느릿하고 신중한 태도를 보이지만, 또 다른 남성은 성급하고 경솔한 자세를 보일지도 모른다. <u>어떤 경우든 구애 행위는 자신의 목표와 생활 양식에 의해 형성된다. 이는 동시에 생활 양식의 다른 표현이기도 하다.</u> 어떤 남성의 결혼 적합도를 오로지 연애 시절의 행동만으로 판단할 수는 없다. 왜냐하면 직접적인 목표물을 눈앞에 두고 있을 때와 그렇지 않을 때의 행동 방식은 달라질 수 있기 때문이다. 그런데도 우리는 그 남성의 행동에서 인성을 파악할 수 있는 실마리를 얻을 수 있다.

우리 문화에서는 구애할 때 일반적으로 남성이 먼저 관심을 표명하고 남성이 먼저 접근해야 하는 것으로 인식되어 있다. 이런 문화와 관습이 존재하는 한, 소년들에게 남성적인 태도, 즉 망설이거나 도피하지 않고 주도권을 쥐는 태도를 훈련하는 것이 필요하다. 하지만 이런 훈련도 남성들이 자신을 사회의 일부분으로 느끼고 그것의 장단점도 자신의 것으로 받아들일 때만 가능하다.

여성들도 구애 행동에 적극적으로 나서며 주도권을 쥐기도 한다. 하지만 여성들은 비교적 다소곳한 태도를 보이는 것이 필요하다고 느낀다. 여성들의 접근 태도는 그들의 외모나 옷 치장, 동작 혹은 보고 듣고 말하는 방식에서 표현된다. 남성의 접근 방식이 상대적으로 얕고 단순하다면 여성의 접근 방식은 좀 더 깊고 복잡하다고 볼 수 있다.

7. 결혼 생활의 성공을 위한 필수 요건들
성 충동의 본질은 인류의 존속이다

이성을 향한 성적 이끌림은 항상 인류 복지를 증진하기 위한 욕구에 따른 것이어야 한다. 연인이 진심으로 서로에게 관심이 있다면 성적 이끌림이 약해지는 문제는 절대 발생하지 않을 것이다.

이런 문제가 생겼다면 그것은 곧 관심이 줄어들었음을 의미한다. 더는 평등하고 친근하며 협조적인 자세로 상대방을 바라보지 않고, 더는 상대방의 삶을 풍요롭게 만들어 주고 싶지 않다는 의미다.

관심은 지속되고 있지만 육체적 이끌림이 사라졌다고 생각할지 모른다. 이는 절대 진실이 아니다. 때로는 입이 거짓말을 하거나 머리가 이해하지 못하는 경우도 있다. 하지만 몸의 기능은 항상 진실만을 말한다. 신체 기능에 이상이 생긴 것은 진정한 합의가 없어졌음을 의미한다. 서로에 대한 관심을 잃어버린 것이다. 적어도 두 사람 중 한 명은 더는 사랑과 결혼의 과제를 해결하고 싶은 마음이 없고 이제는 탈출구를 찾고 있는 것이다.

인간의 성 충동은 다른 동물들의 성 충동과는 다르다. 지속적인 인간의 성욕은 인류의 복리와 존속이 보장되는 또 다른 방식이다. 이로 말미암아 인류는 급속히 번식할 수 있고 생존과 복지를 확보한다. 다른 동물들은 생존 보장 방식이 다르다. 예컨대 많은 동물 종의 암컷은 수많은 알을 낳는 방법으로 종족 보존을 구현한다. 알들 가운데 상당수는 유실되거나 파괴되어 성체가 되지 못하지만, 워낙 수가 많아 일부는 살아남을 수 있다.

인류의 경우에도 생존을 보장하는 한 가지 방법은 아이를 낳는 것이다. 사랑과 결혼의 문제에서 인류 복지에 관심이 많은 사람들은 아이를 낳을 가능성이 가장 크다. 의식적이든 무의식적이든 동료에게 관심이 없는 사람들은 출산과 양육의 부담을 거부한다. 항상 다른 사람들에게 요구하고 기대하기만 하는 사람들은 어린이를 좋아하지 않는다. 이런 사람들은 오로지 자신에게만 관심이 있어서 아이들을 짐이나 골칫거리로 여긴다.

그러므로 사랑과 결혼의 문제를 완전히 해결하기 위해서는 아이를 낳겠다는 결심이 필요하다. 훌륭한 결혼 생활은 인류의 미래 세대를 길러내기 위한 최고의 방법이다. 따라서 자녀의 출산과 양육은 반드시 결혼의 일부분이 되어야 한다.

결혼은 동화 속 행복한 결말이 아니다

현재 사회생활에서 사랑과 결혼 문제의 해결책은 일부일처제다. 상대방에 대한 진정한 관심과 헌신을 요구하는 관계를 시작하는 사람이라면 누구라도 그런 관계의 토대를 흔들거나 도피처를 찾지 않는다. 물론 이런 결혼 관계도 깨질 가능성이 있다. 불행하게도 우리는 그럴 가능성을 항상 피할 수는 없다. 하지만 사랑과 결혼을 우리가 수행해야 할 사회적 기능이자 과제라고 생각한다면 그 가능성을 피하는 것이 좀 더 수월해진다. 그러면 우리는 그 과제를 해결하기 위해 온갖 방법을 시도할 것이다.

일반적으로 부부가 최대한으로 협력하지 않아서 결혼 생활이 파경에 이른다. 결혼 생활의 성공을 위해 노력하지 않으면서 성공이 마치 접시에 담긴 요리처럼 자신들 앞에 놓이기를 마냥 기다리는 것이다. 결혼 문제를 이런 식으로 대한다면 실패하는 것은 당연하다.

사랑과 결혼을 이상적인 낙원의 상태나 동화 속의 행복한 결말 같은 것으로 생각하는 것은 큰 착각이다. 결혼은 두 사람의 관계가 행복해질 가능성의 시작일 뿐이다. 결혼 생활을 하면서 부부는 현실적 과제들에 직면하고 사회에 공헌할 기회를 만나게 된다.

우리 문화 속에는 결혼을 인생의 최종 국면 또는 궁극적인 목표로 보는 관점이 지나칠 정도로 퍼져 있다. 예를 들면 주인공 남녀가 행복하게 결혼하는 장면으로 끝맺는 수많은 소설과 영화 속에서 그런 관점을 볼 수 있다. 갓 결혼한 그 주인공들은 앞으로 함께 지내야 할 기나긴 여정의 출발선을 이제 겨우 넘어섰을 뿐인데도 말이다.

하지만 소설이나 영화에서는 결혼 자체로 만사가 만족스럽게 해결된 듯이 처리하는 경우가 많다. 주인공 남녀가 모든 난관을 극복하고 최종 국면에 도착했으므로 이제는 영원토록 행복하게 살아갈 것이라는 식이다. 여기서 깨달아야 할 또 다른 중요한 점이 있다. 사랑만으로 모든 일을 해결할 수 없다는 사실이다. 게다가 사랑에도 여러 종류가 있다. 따라서 결혼 생활의 여러 문제를 해결하기 위해서는 직업과 관심, 협동에 의지하는 것이 훨씬 낫다.

결혼 관계 속에는 기적적인 요소가 전혀 없다. 앞서 보았듯이 결혼에 대한 사람들의 태도는 생활 양식의 표현이다. 따라서 사람들의 전체적인 인격, 즉 생활 양식을 파악하지 않으면 결혼에 대한 태도를 이해할 수 없다. 개인의 생활 양식은 그의 모든 노력 및 목표와 일치한다. 예를 들어 우리는 왜 그토록 많은 사람이 항상 도피처나 탈출구를 찾아 헤매는지 알 수 있을 것이다.

나는 어떤 부류의 사람들이 이 같은 현실 도피적 태도를 보이는지 정확히 말할 수 있다. 바로 성인이 되어서도 여전히 응석받이 어린이와 같은 성격 구조를 지닌 사람들이다. 이런 유형의 사람들은 사회에 위험 요인이 될 수 있다. 이들의 생활 양식은 생후 4~5년 기간에 고착된 채 변화가 없다.

응석받이형 인간들은 어떤 상황에서도 "내가 원하는 것을 모두 얻을 수 있는가?"라고 묻는다. 그들은 자신이 원하는 모든 것을 얻을 수 없으면 인생이 무의미하다고 생각한다. 응석받이들은 염세주의적으로 변하고 '죽음에 대한 동경(death wish)'을 품는다. 그들은 병들고 신경증에 걸린다. 그러고는 잘못된 생활 양식을 바탕으로 자신만의 인생철학을 구축한다. 응석받이들은 자신의 잘못된 관념들이 독창적이고 매우 중요하다고 생각한다.

응석받이형 인간들은 자신의 충동과 감정을 억제해야 하는 상황에 부닥치면 온 우주가 자신에게 앙심을 품고 있다고 생각한다. 응석받이들은 그런 식으로 훈련받으며 살아왔던 것이다. 아주 오래전에 그들은 원하는 모든 것을 얻을 수 있는 황금 시절에 살았다. 응석받이들 가운데 일부는 항의를 계속하며 협력을 거부하면, 자기가 원하는 것을 다시 한 번 얻을 수 있다고 믿는지도 모른다. 그들은 인생과 사회를 보지 못하고 오로지 개인적인 이익 추구에만 골몰한다.

결국 응석받이들은 타인과 사회에 공헌하려 하지 않는다. 그들은 결혼조차도 '반품 허용 조건으로' 사는 상품처럼 간주한다. 그래서 우애결혼, 시험 결혼이나 자유로운 이혼을 선호하는 것이다. 그들은 신혼 초부터 언제든지 외도할 수 있는 자유와 권리를 요구하기도 한다.

하지만 진심으로 상대방에게 관심이 있다면 관심의 본질적인 속성을 모두 보여 주어야 한다. 즉 신뢰할 만하고 충실하며 책임감이 있어야 한다. 또한 진정한 친구가 되어야 한다. 어떤 사람의 애정과 결혼 생활이 이러한 요건들을 충족시키지 못하고 있다면, 그 사람은 인생의 3대 과제 중 세 번째인 이 문제에서 실패한 것이다.

자녀의 복리에도 관심을 두어야 한다. 만약 어떤 결혼이 내가 중시하는 결혼관과 다르다면 자녀들을 양육하는 데 많은 어려움이 발생할 것이다. 부모가 자주 말싸움을 벌이고, 자신들의 결혼을 하찮은 것으로 간주하거나 결혼 생활의 여러 문제를 해결할 수 있다고 생각하지 않는다면 자녀들의 사회성 발달에 매우 나쁜 영향을 미칠 것이다.

부부 갈등은 '인격 완성'으로 해결하자

부부가 갈라설 때는 어떤 이유가 있을 것이다. 때로는 별거하거나 이혼하는 것이 더 나을 때도 있다. 이런 결정은 누가 내려야 할까? 결혼은 하나의 책무라는 점을 이해하지 못하고 오로지 개인적인 삶에만 관심이 있는 사람들에게 그 결정을 맡길 것인가? 그들은 결혼을 보는 관점과 똑같은 방식, 즉 "거기에서 무엇을 얻을 수 있나?"라는 관점으로 이혼을 생각할 것이다.

이런 사람들에게 결정을 맡겨서는 안 된다. 이혼과 재혼을 반복하면서 똑같은 잘못을 저지르는 사람이 많다. 그러면 누가 결정해야 할까? 결혼 생활에 문제가 있다면 정신과 의사에게 의뢰해 이혼 여부의 타당성을 판단해야 한다고 생각할지도 모른다. 하지만 이 방법에도 문제가 있다.

유럽에서는 대다수 정신과 의사가 개인의 행복을 가장 중요하게 여긴다. 일반적으로 유럽의 정신과 의사들은 부부 갈등에 관한 상담 요청을 받으면 의뢰인에게 한동안 배우자 이외의 애인과 외도해 보라고 충고한다. 외도가 부부 갈등 문제를 해결하는 방법일 수도 있다고 생각하는 것이다.

하지만 나는 정신과 의사들이 언젠가는 생각을 바꾸고 더는 그런 충고를 하지 않게 될 것이라고 확신한다. 정신과 의사들이 그런 식의 해결 방안을 권유하는 것은 사랑과 결혼의 문제를 전체적인 시각에서 이해하지 못했기 때문이다. 그들은 사랑과 결혼의 문제를 인간들이 직면할 수밖에 없는 다른 문제들과의 관련성 속에서 이해하는 데 실패했다. 내가 지금까지 제시해 온 것이 바로 이런 전체론적인 관점(holistic perspective)이다.

사람들은 결혼을 다른 개인적 문제의 해결 수단으로 간주할 때도 비슷한 잘못을 저지른다. 유럽의 정신과 의사들은 어떤 소년이나 소녀가 신경증에 걸리면 애인을 사귀어 성관계를 해 보라고 권유한다. 신경증에 걸린 성인들에게도 비슷한 충고를 해 준다. 이런 충고는 사실 사랑과 결혼을 단순한 '의약품'으로 전락시키는 처사다. 그 의약품을 '복용'한 사람들은 많은 것을 잃어버릴 수밖에 없다.

사랑과 결혼 문제의 올바른 해결은 개인의 인격(personality)을 최고 수준으로 완성하는 것과 관련이 있다. 유익하고 가치 있는 역할을 수행하며 행복을 누리고 싶다면 사랑과 결혼의 문제를 가장 중시해야 한다. **사랑과 결혼을 범죄 행위의 치료 수단으로, 혹은 알코올 의존증이나 신경증의 약으로 간주해서는 안 된다.**

신경증 환자들이 사랑과 결혼을 제대로 하려면 먼저 올바른 치료를 받아야 한다. 치유되기 전에 결혼 생활을 시작한다면 새로운 위험과 불행이 닥칠 것이다. 어떻게 생각하면 결혼은 너무 높은 이상이다. 이 과제만 해결하는 데에도 엄청난 노력과 창조적인 활동이 요구되는데, 거기에 추가적인 부담을 얹어서는 안 된다.

부적절한 목표를 가지고 결혼에 뛰어드는 사람들도 있다. 어떤 사람은 경제적 안정을 위해 결혼하고 또 어떤 사람은 상대방을 불쌍히 여겨서 결혼하기도 한다. '하인'을 확보하기 위해 결혼하는 사람들도 있다. 결혼 속에는 이처럼 결혼의 본질과 무관한 것들이 들어설 공간이 없다. 심지어 자신의 어려움을 가중하기 위해 결혼하는 사람들도 있다.

예를 들어 한 청년이 학업이나 취업 문제가 잘 풀리지 않아 고민한다고 치자. 그는 이러한 문제에서 실패할 가능성이 크다고 느낀다. 실패에 대한 변명거리가 필요하다. 결국 그는 결혼이라는 추가적인 과제를 떠맡는다. 그에게 결혼은 실패에 대비한 변명거리이자 알리바이인 셈이다.

8. "남자로 태어났으면 더 좋았을 거예요."

나는 절대로 사랑이라는 과제를 낮게 평가하거나 경시해서는 안 된다고 생각한다. 사랑은 오히려 더 높은 차원의 과제로 격상해야 한다. 이 문제와 관련해 많은 개선책이 제시되었지만 아직도 여성들은 불이익을 당하고 있다. 우리 문화에서 남성들이 여성들보다 편안한 시간을 보내고 있는 것은 분명한 사실이다. 우리 사회가 결혼 문제에 대해 잘못된 방식으로 접근해 왔기 때문이다.

이런 관행을 개인적 저항으로 극복하기는 어렵다. 특히 결혼 생활에서 개인적 저항은 부부 관계와 배우자의 행복 모두에 나쁜 영향을 미칠 뿐이다. 이런 잘못된 관행은 우리 문화의 일반적인 태도를 정확히 인식하고 잘못된 사고방식을 고치기 위해 노력해야만 극복할 수 있다. 내 제자인 메리 I. 레이지 교수가 시행한 설문 조사에 따르면, 젊은 여성 응답자의 42%는 남자로 태어났으면 더 좋았을 것이라고 대답했다. 그 여성들은 자신의 성에 대해 불만족스럽게 생각하고 있는 것이다.

이처럼 인류의 절반인 여성들이 자신들의 사회적 위치에 만족하지 못하고 남성들이 더 많은 자유를 누리는 것에 분개한다면, 과연 어떻게 우리가 사랑과 결혼의 문제를 해결할 수 있겠는가? 만일 여성들이 자신들에 대한 사회적 과소평가를 늘 예상하고 있어야 한다면, 또 자신들은 남성들의 성관계 상대에 불과하다고 믿거나 남성들의 바람기와 외도는 당연하다고 믿고 있다면, 과연 이 문제가 쉽게 해결될 수 있겠는가?

지금까지 논의해 왔던 내용을 통해 단순하고 명확하며 유용한 결론을 내릴 수 있다. 인간은 천성적으로 일부다처주의자도 아니고 일부일처주의자도 아니다. 하지만 모든 인간은 평등한 존재면서도 두 종류의 성으로 나누어져 있다. 모든 인간은 이런 상황 속에서 제기되는 세 종류의 인생 과제를 해결해야 한다. 이 모든 사실을 종합해 다음과 같은 결론을 내릴 수 있다. 사랑과 결혼에 있어서 개인이 이룰 수 있는 최대한의, 그리고 최고 수준의 발달은 일부일처제 속에서 가장 잘 실현할 수 있다.

📕 아들러의 Key Sentence

"사랑과 사랑의 완성으로서의 결혼은 반려자에 대한 가장 친밀한 헌신이다. 이 헌신은 육체적 관심과 동지애, 그리고 자녀를 낳겠다는 결심을 통해 표현된다. 사랑과 결혼은 인간 협동의 본질적인 모습이다. 그것은 단지 두 사람만의 행복을 위한 협동이 아니라 인류 전체의 복리를 위한 협동이기도 하다."

"모든 인간은 세 종류의 일정한 '관계의 틀' 속에 묶여 있다. 인간의 발달은 그 테두리 안에서 일어나고 인간의 결정은 그 틀에 순응해야 한다. 앞서 보았듯이 이런 세 가지 주요 관계는 다음과 같은 세 가지 사실에서 생겨난다. 첫째, 인간은 우주의 특정한 장소에서 살고 있으며, 환경과 상황이 허용하는 한계와 가능성 안에서 발달해 나가야 한다는 사실이다. 둘째, 우리는 타인들과 함께 살고 있으며, 그들과 화합하는 법을 배워야 한다는 사실이다. 셋째, 인간은 남성과 여성이라는 두 종류의 성(性)이 있으며, 인류의 미래는 양성 간의 우호 관계에 달려 있다는 사실이다."

"현재 대다수 사람은 지배하고 명령하는 역할, 그리고 지도자와 주인의 역할을 남성의 몫이라고 믿고 있다. 이 때문에 불행한 결혼이 많아지고 있다. 분노와 적개심을 느끼지 않고 열등한 지위를 끝까지 감내할 수 있는 사람은 세상에 없다. 부부 관계는 평등해야 한다. 그래야 어려움이 닥쳐도 해결할 방법을 언제든지 찾아낼 것이다."